365 TAGE
Basteln, Malen, Dekorieren

Text: Fiona Watt

Gestaltung und Illustrationen: Erica Harrison

Zusätzliche Gestaltung und Illustrationen: Stella Baggott, Katie Lovell, Non Figg, Antonia Miller, Vicky Arrowsmith, Jessica Johnson, Katrina Fearn und Molly Sage

Fotos: Howard Allman

ÜBER DIESES BUCH

Dieses Buch enthält viele Anregungen zum Malen, Basteln und Dekorieren. Auf den bunten Doppelseiten findest du einfache Anleitungen für kreative Ideen und zahlreiche Anwendungsbeispiele.

199

Spinnen und Vögel mit Daumen drucken – Seite 70

INHALT

Alte Löffel und Gabeln dekorieren – Seite 114

22

Eine Piratengirlande basteln – Seite 12

59

Kleine runde Monster zeichnen – Seite 25

237

Ein drachenförmiges Lesezeichen basteln – Seite 82

9

Aus Eiern Monster machen – Seite 7

244

Einen kleinen Vogel drucken – Seite 84

236

Eine Fee zeichnen – Seite 80

BURGEN UND SCHLÖSSER ZEICHNEN

Verwende die Ideen auf diesen Seiten, um unterschiedliche Burgen und Schlösser zu entwerfen. Grundlage für alle Burgen ist die Standard-Burg.

1

STANDARD-BURG

Verwende einen schwarzen Filzstift.

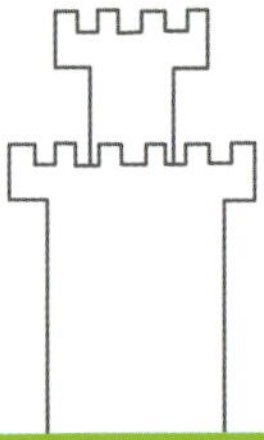

1. Zeichne einen Turm mit Zinnen auf der Spitze und dann einen weiteren, kleineren Turm darüber.

Zeichne ein Schlüssel-loch auf das Tor.

2. Zeichne bogenförmige Fenster und ein Tor. Male die Fenster aus und zeichne Linien auf das Tor.

2

RITTERBURG

Zeichne eine Burg mit einer Mauer rund um den unteren Turm und einem weiteren Turm in der Mitte. Füge viele Ziegelsteine hinzu.

3 MÄRCHEN-SCHLOSS

Ein Drachen könnte das Schloss angreifen. Füge ihn hinzu.

1. Verwende einen silberfarbenen Stift und zeichne ein Schloss mit drei hohen, spitzen Türmen. Zeichne viele Fenster ein.

2. Male das Schloss mit Filzstiften aus. Dekoriere es mit Dachziegeln und Rosen, die an den Mauern ranken.

4 SPUKSCHLOSS

Lass Fledermäuse umherflattern.

Zeichne drei krumme Türme mit Dächern. Füge Ziegelsteine auf der Mauer sowie Dachziegeln hinzu. Auch ein eisernes Gittertor am Eingang darf nicht fehlen.

EIER DEKORIEREN

5 EIN EI UMHÜLLEN

1. Schlage das Ei am Rand einer Tasse auf. Halte es über die Tasse und brich die Schale sanft in zwei Hälften.

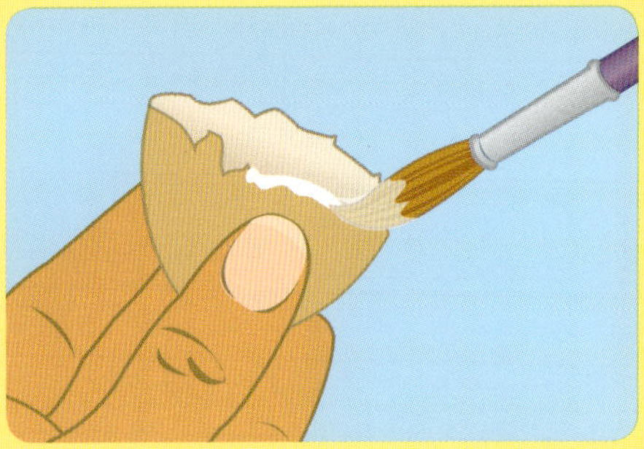

2. Reinige die Hälften unter fließendem Wasser und lass sie trocknen. Wasche deine Hände gründlich und bestreiche dann den zackigen Rand einer Eihälfte mit Bastelkleber.

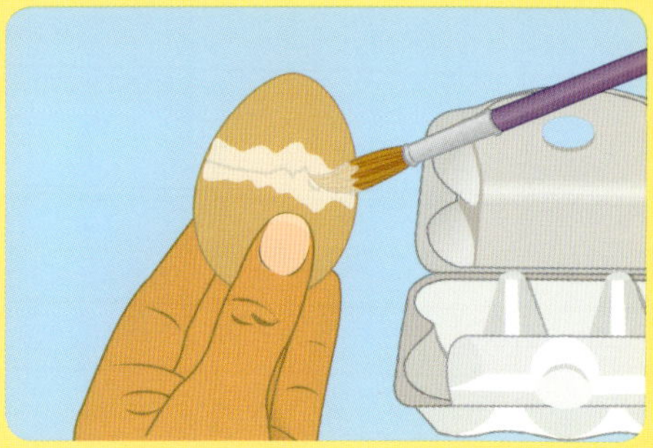

3. Setze die andere Hälfte der Schale darauf – möglichst so, dass die Ränder aufeinanderpassen. Bestreiche den Riss mit Klebstoff und lege die Schale zum Trocknen in eine Eierschachtel.

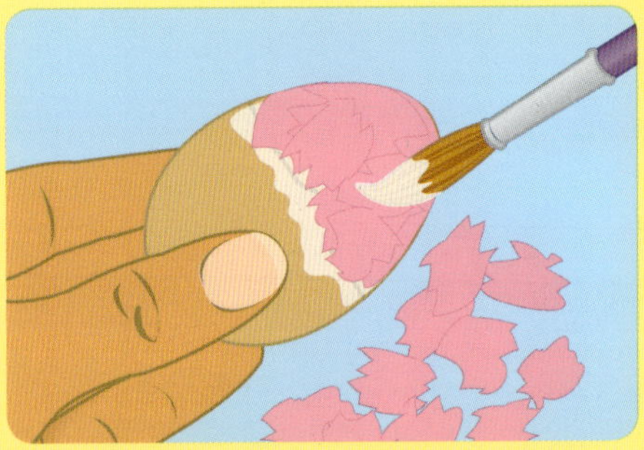

4. Reiße Seidenpapier in viele kleine Stücke. Bestreiche die Hälfte der Schale mit Klebstoff. Drücke die Papierfetzen auf die Oberfläche und streiche Klebstoff darüber.

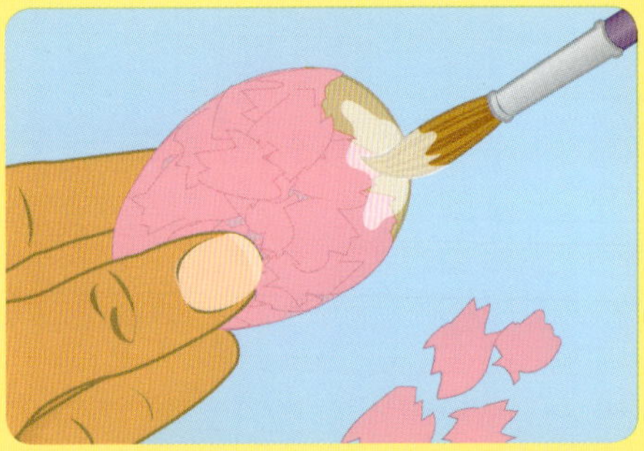

5. Ist die Schale getrocknet, bestreiche auch die andere Hälfte mit Klebstoff und bedecke sie mit Papierfetzen. Streiche Klebstoff darüber und lass die Schale trocknen.

6 EIER BEMALEN

Male Muster auf die umhüllten Eier. Dekoriere zuerst die eine Hälfte des Eis und lass sie trocknen. Bemale dann den Rest.

7 PAPIERMUSTER

Umhülle die Schale. Schneide Muster aus Seidenpapier aus und klebe sie auf das Ei.

8 SCHAUKEL-EI

Bastle ein hin- und herschaukelndes Ei. Klebe dazu ein Stück Knetmasse unten in die Schale. Setze die beiden Hälften aufeinander und klebe sie zusammen.

9 MONSTER-EI

Umhülle ein Ei und klebe Augen und einen Mund darauf. Schneide aus dünner Pappe Hörner aus, knicke das untere Ende um und klebe es am Ei fest.

Biege die Hörner so um.

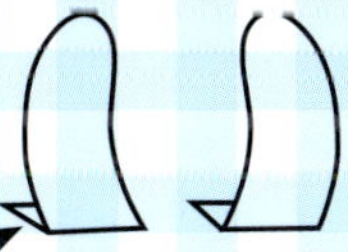

Male verschiedene Gesichtsausdrücke auf die Monster-Eier, so wie diese hier.

10 OSTERHASE

Bastle einen Osterhasen. Schneide lange Papierohren aus und klebe sie oben fest.

11 OSTER-HÄSCHEN

Bastle ein Hasenjunges oder ein Küken aus einem kleinen Ei.

12 KÜKEN

Bastle ein wackelndes Küken. Schneide die Flügel und den Schnabel aus Papier aus.

SCHMETTERLINGSGARTEN-COLLAGE

13 EINFACHER SCHMETTERLING

1. Zeichne die Flügel eines Schmetterlings auf ein Stück Stoff. Schneide sie aus und klebe sie auf dickes Papier. Schneide einen Körper aus und klebe ihn dazu.

2. Dekoriere die Flügel mit Kreisen aus Stoff oder Papier, Knöpfen oder Pailletten. Zeichne oder male gebogene Fühler. Füge Augen und dünne Streifen auf den Körper hinzu.

14 RUHENDER SCHMETTERLING

Bastle einen Schmetterling auf einer Blume. Schneide einen Flügel aus. Klebe dann einen Körper darauf. Male Fühler und Beine dazu.

15 LIBELLE

Schneide lange leuchtende Flügel und einen gekrümmten Körper aus. Füge einen ovalen Kopf hinzu. Für die Augen kannst du Pailletten aufkleben.

16 KÄFER

Dekoriere einen Käfer mit kleinen Perlen. Klebe sie auf die Flügel und an die Enden der Fühler.

17

BIENE

Schneide eine ovale Form aus gelbem Stoff aus. Male Streifen darauf und zeichne Augen und Beine dazu. Verwende Glanzpapier für die Flügel.

18

BLUMEN

Schneide Blütenblätter aus Stoff aus. Klebe einen Kreis in die Mitte und dekoriere ihn mit Knöpfen oder Perlen. Male einen Stängel dazu.

STRICHFIGUREN AUS FINGERABDRÜCKEN

Auf diesen beiden Seiten findest du Ideen dazu, wie aus Fingerabdrücken verschiedene Figuren werden. Verteile etwas Farbe auf einem alten Teller. Tauche deinen Mittelfinger hinein und drücke ihn auf ein Stück Papier.

19 STRICHMENSCHEN

Zeichne Augen, einen Mund, eine Nase, Arme und Beine und verwandle deine Fingerabdrücke in unterschiedliche Strichmenschen.

20 BERUFE UND HOBBYS

Mit Kleidung und kleinen Details kannst du aus Fingerabdrücken vielfältige Figuren machen – von einer Rennfahrerin bis zu einem Piraten.

21 FRISUREN UND GESICHTSAUSDRÜCKE

Gestalte deine Fingerabdrücke mit verschiedenen Frisuren und Gesichtsausdrücken, wie in diesen Beispielen.

Zeige, welche Berufe und Hobbys deine Strichfiguren haben. Hier siehst du einige Beispiele.

Weitere mögliche Berufe und Hobbys:

Weitere mögliche Frisuren und Gesichtsausdrücke:

PAPIERGIRLANDEN

22 PIRATENGIRLANDE

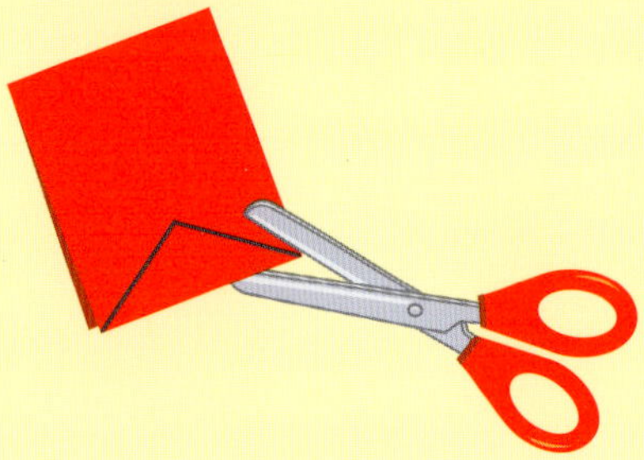

1. Schneide für die Fahnen mehrere Papierstreifen aus. Falte sie in der Mitte über die kürzere Seite zusammen. Dekoriere mit dem Filzstift einige Fahnen mit Streifen.

2. Zeichne ein umgekehrtes „V" an das untere offene Ende jeder Fahne. Schneide die V-Formen aus dem gefalteten Papier aus.

3. Dekoriere die Fahnen mit ausgeschnittenen Formen aus Papier. Falte die Fahnen auseinander und bestreiche sie innen mit Klebstoff. Falte sie über einen langen Faden und lass sie trocknen.

23 PRINZESSINNENGIRLANDE

Schneide Rauten aus Papier aus. Falte sie in der Mitte, sodass Dreiecke entstehen. Verziere die Fahnen mit hübschen Kronen und Herzen.

24 PFLANZENGIRLANDE

Schneide Blumen und Blätter aus gefaltetem Papier aus. Zeichne mit dem Filzstift Muster darauf.

25 SPORTGIRLANDE

Dekoriere Trikots mit ausgeschnittenen Papierstreifen. Klebe Bälle auf abgerundete Fahnen.

DAUMENABDRÜCKE

26 GLÜCKLICHER SCHNEEMANN

1. Verteile auf einem Teller dicke weiße Farbe. Tauche den Daumen hinein und drücke ihn auf dunkles Papier: das ist der Körper. Drucke den Kopf einem kleineren Finger.

2. Ist die Farbe getrocknet, male die Nase oder drucke sie mit dem Rand eines Stücks Pappe. Zeichne die Augen und den Mund mit einem Filzstift.

3. Zeichne einen schwarzen Hut auf den Kopf des Schneemanns und zwei Stricharme und -hände. Dekoriere den Bauch mit Punkten als Knöpfe und füge zwei große Füße hinzu.

27 SCHNEEMANNSTREFFEN

Drucke viele Schneefiguren mit unterschiedlichen Gesichtsausdrücken und Armbewegungen.

28 EINEN PINGUIN DRUCKEN

1. Tauche deinen Daumen in dicke schwarze Farbe und drücke ihn auf ein Stück weißes Papier. Füge für den Kopf einen Fingerabdruck hinzu und male zwei stummelige Flügel.

2. Ist die Farbe getrocknet, tauche deinen Mittelfinger in weiße Farbe und drücke ihn auf den Körper. Tauche ihn noch einmal ein und füge ein Gesicht hinzu.

3. Sind die Fingerabdrücke getrocknet, male einen spitzen Schnabel in roter Farbe und zwei kurze Linien als Beine. Ergänze die Füße. Zeichne die Augen und den Mund mit einem dünnen Stift ein.

29 PINGUINPARADE

Drucke viele Pinguine, die im Schnee umherwatscheln.

KRABBELTIERE BASTELN

30 SPINNE

1. Zeichne einen Spinnenkörper auf ein Stück Wellpappe. Schneide ihn aus und bemale ihn. Während die Farbe trocknet, schneide aus Pfeifenreiniger vier Stücke für die Beine aus.

2. Stecke einen Pfeifenreiniger in eine der zickzackförmigen Lücken in der Pappe, in der Nähe des Kopfes. Füge die übrigen Pfeifenreiniger hinzu und biege sie entsprechend.

3. Gestalte die Augen: Verteile Klebstoff auf etwas Seidenpapier. Reiße das Papier in zwei Stücke und rolle jedes zwischen den Händen zu einer Kugel. Klebe beide auf den Kopf und male je einen Punkt in die Mitte.

31 VIELE BEINE

Bastle ein Krabbeltier mit vielen Beinen. Schneide den Pfeifenreiniger in kurze Stücke und stecke sie in die Lücken in der Pappe.

32 FLIEGENDER KÄFER

Schneide aus dünnem Papier Flügel aus und klebe sie auf den Rücken.

33 GESTREIFTES INSEKT

Gestalte ein Insekt mit Streifen.

Die Flügel dieses Käfers sind aus rotem Papier.

Diese Fliege hat zwei Paar Flügel aus Papier.

Du könntest am Ende der Pfeifenreiniger Perlen auffädeln.

35 GEGLIEDERTER KÖRPER

Zeichne drei ovale Formen für den Körper – wie bei dem Käfer unten.

36 FÜHLER

Stecke zwei Stücke Pfeifenreiniger als Fühler in den Kopf.

34 WUSELNDER TAUSENDFÜSSER

Falte die Pappe im Zickzackmuster und füge dann die Beine hinzu.

BILDER AUS SEIDENPAPIER

37 PARTYKUCHEN

1. Schneide für die untere Schicht des Kuchens ein Rechteck aus Seidenpapier aus. Klebe es unten auf ein Stück Papier. Schneide ovale Formen aus und klebe sie oben in eine Reihe.

2. Schneide weitere, immer schmalere Schichten aus. Klebe sie auf. Schneide einen Kreis als Kirsche aus und klebe ihn oben auf den Kuchen.

3. Ist der Klebstoff getrocknet, zeichne mit einem dünnen schwarzen Filzstift Ränder ein. Dekoriere den Kuchen mit Herzen, Wellenmustern, Streifen, Kreisen und Punkten.

38 GEBURTSTAGSKUCHEN

Klebe Kerzen aus Seidenpapier auf den Kuchen. Zeichne über jede Kerze eine Flamme.

39 GOLDENE VERZIERUNGEN

Füge mit einem goldfarbenen Stift weitere Details hinzu.

40

GEBURTSTAGSKARTE

Dekoriere eine Geburtstagskarte mit Formen aus Seidenpapier.

41

SCHMETTERLINGE

Schneide vier Flügel und einen Körper für einen Schmetterling aus. Zeichne gekringelte Fühler dazu.

Du könntest auch eine Libelle basteln.

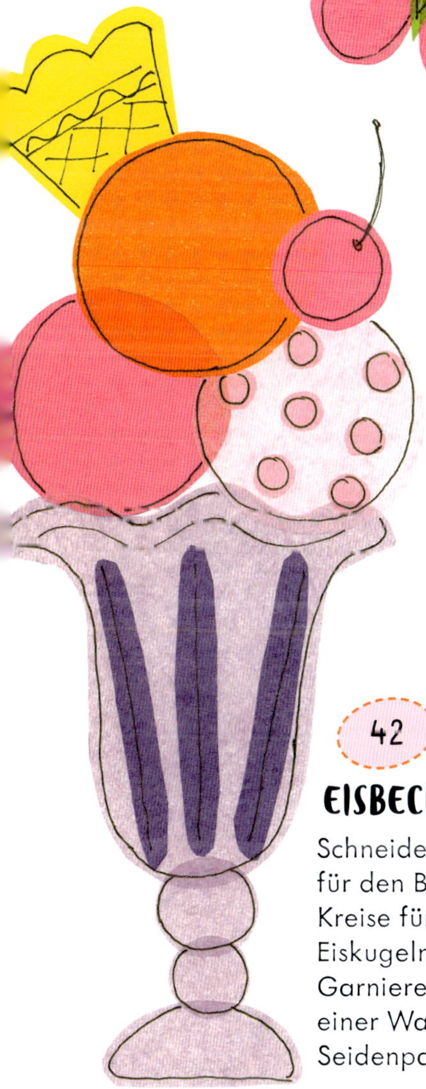

42

EISBECHER

Schneide Formen für den Becher und Kreise für die Eiskugeln aus. Garniere sie mit einer Waffel aus Seidenpapier.

43

BUNTE BLUMEN

Schneide einen Kreis für die Blumenmitte aus. Ergänze sie mit Blütenblättern. Zeichne einen Stängel und füge Papierblätter hinzu.

SAURIER MALEN

44 DIPLODOCUS

1. Zeichne eine große ovale Form für den Körper. Zeichne seitlich den Kopf ein und füge einen langen Hals und Schwanz hinzu. Zeichne vier stämmige Beine.

2. Fahre den Umriss mit einem grünen Buntstift nach. Füge ein Auge und einen Mund hinzu. Male die Form mit Wasserfarbe aus und vervollständige sie mit farbigen Tupfern.

45 TYRANNOSAURUS REX

Male einen T. rex. Zeichne dazu die Formen auf der Seite gegenüber ab.

46 TRICERATOPS

Male einen Triceratops (die Grundformen findest du auf der Seite gegenüber).

47 STEGOSAURUS

Entwirf einen Stegosaurus wie diesen.

Verwende diese Formen, um die Saurier auf diesen Seiten zu zeichnen.

Umgib die Saurier mit einigen Farnwedeln.

Bei diesem Diplodocus wurden gelbe und dunkelgrüne Farbtupfer auf die nasse Farbe aufgetragen.

48 **PTERANODON**

Male einen fliegenden Pteranodon.

PIRATENHÜTE

49 GERUNDETER HUT

1. Falte ein großes Blatt schwarzes Papier in der Mitte und lege es mit der Faltkante nach oben vor dich hin. Stelle einen kleinen Teller darauf. Zeichne eine Linie um die obere Hälfte des Tellers.

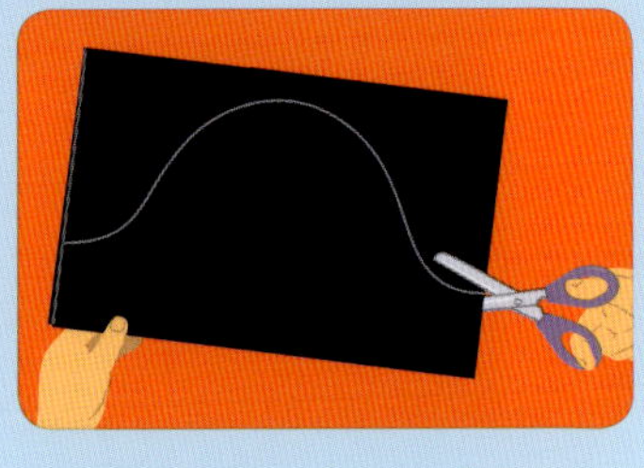

2. Schneide das gefaltete Papier entlang der gebogenen Linie. Zeichne dann einen Totenkopf und zwei Knochen auf weißes Papier (wie im Beispiel unten).

3. Schneide den Totenkopf und die Knochen aus und klebe sie auf die Vorderseite des Huts. Bestreiche nur die Enden des Papiers mit Klebstoff und drücke die Hälften zusammen.

Verwende den Totenkopf auf diesem Hut als Vorlage für deine Zeichnung in Schritt 2.

Du kannst den Totenkopf und die Knochen auch mit Filzstift auf den Hut zeichnen.

50 GEFALTETER HUT

1. Falte ein großes Blatt Papier in der Mitte und knicke es gut. Drehe das Papier um, sodass die Faltkante oben liegt.

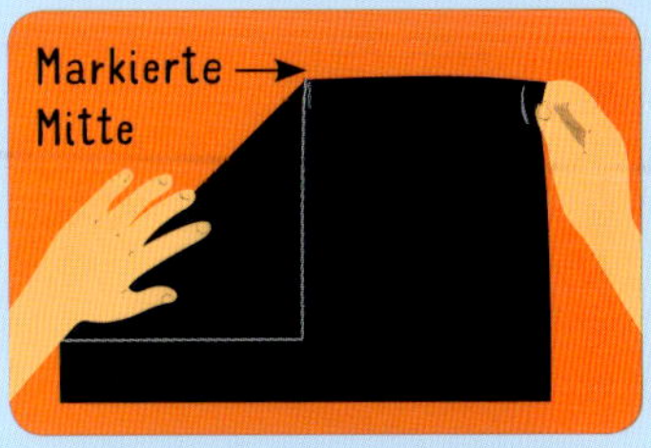

2. Falte das Papier an den kurzen Enden zusammen und markiere die Mitte mit einem Knick. Falte es auseinander und falte dann eine Ecke bis zur Mitte.

3. Falte die andere Ecke ebenso. Klappe das untere Ende nach oben um. Drehe den Hut um und wiederhole den Schritt.

HUT MIT FEDER

51

Bastle eine Feder aus einem Streifen Papier und klebe sie an eine Hutseite.

Der Totenkopf und die Knochen wurden auf ein kreisrundes Stück Papier gezeichnet und dann auf den Hut geklebt.

BOHNENFÖRMIGE MONSTER

52 BOHNENFÖRMIGE MONSTER

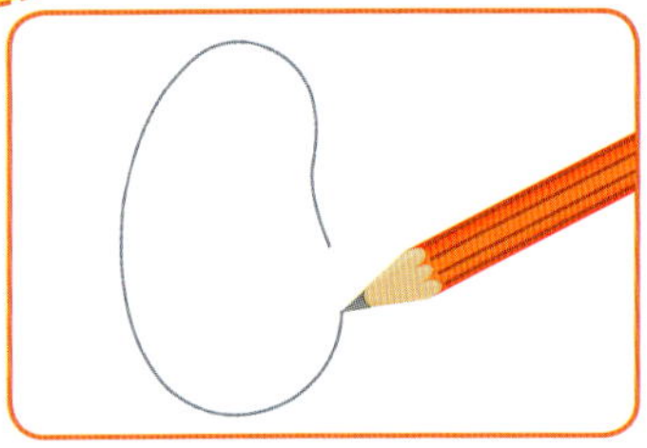

1. Zeichne mit dem Bleistift eine Bohnenform auf Papier – das ist der Körper.

2. Zeichne Augen, eine Knubbelnase und einen Mund. Füge Hörner hinzu. Male das Monster mit Filzstiften aus.

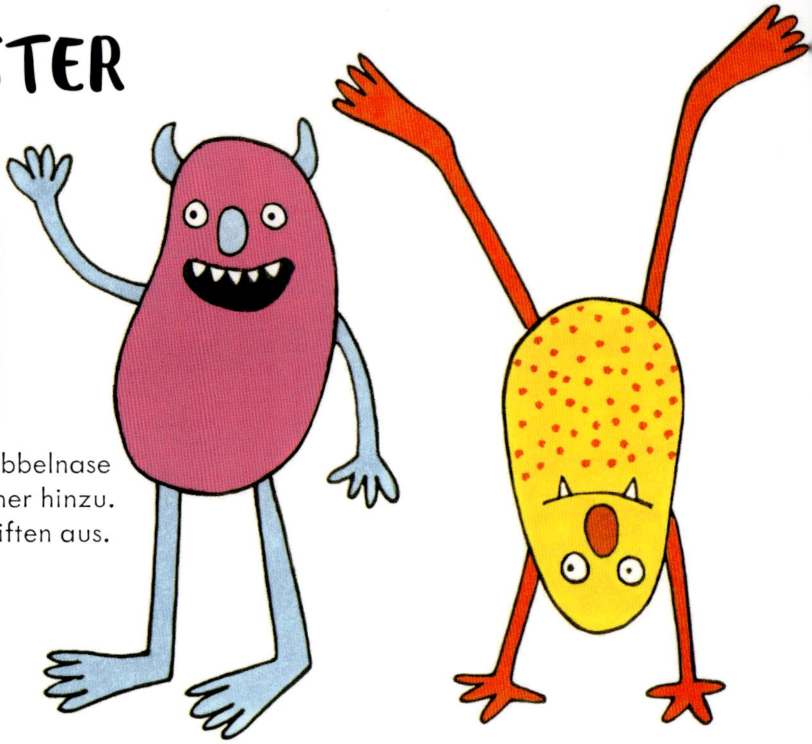

53 ARME UND BEINE

Zeichne ein Monster mit Armen und Beinen.

54 PUNKTE UND STREIFEN

Verziere das Monster mit einem Muster.

55 MONSTER-HAUSTIER

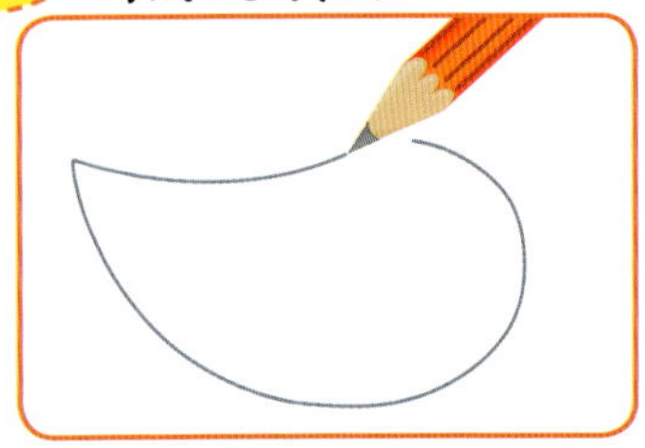

Zeichne einen Kreis, der seitlich spitz zuläuft. Füge eine Nase, Ohren, Beine und einen Schwanz für einen Hund hinzu.

56 KATZE UND MAUS

Verwende denselben Umriss für Katzen oder kleine Mäuse.

57 GASSI GEHEN

Zeichne ein Monster, das seinen Hund ausführt.

KLEINE RUNDE MONSTER

Mit dieser einfachen runden Form kannst du viele weitere Monster entwerfen.

58 RUNDES MONSTER

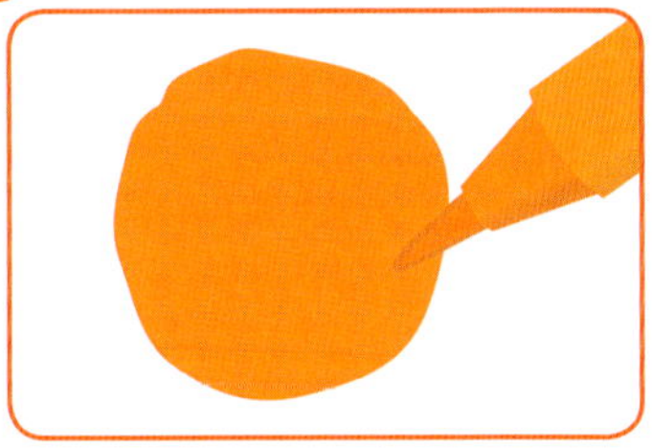

1. Zeichne mit einem Filzstift einen kleinen Kreis. Male ihn vollständig aus.

2. Verwende einen dünnen schwarzen Filzstift für die Arme und Beine, Augen und den Mund mit Zähnen.

59 KURZ ODER LANG?

Zeichne ein rundes Monster mit sehr kurzen oder besonders langen Armen und Beinen.

60 HÖRNER UND SCHWÄNZE

Zeichne kleine Hörner auf den Kopf und einen aus der Seite ragenden Schwanz.

61 AUGÄPFEL

Male weiße Augäpfel auf den Körper oder zeichne die Augen an Stiele.

62 ZUSÄTZLICHE KÖRPERTEILE

Füge dem Monster mehrere Arme oder Beine und Stacheln oder Haare hinzu.

63 FRISUREN, HÜTE UND BRILLEN

Zeichne ein Monster mit einer Frisur oder modischem Zubehör wie etwa einem Hut.

65

MASKIERTER SCHURKE

Bastle einen Cowboy mit Maske.

66

COWGIRL

Bastle ein Cowgirl. Befestige hinten einen weiteren Strohhalm für die Schnur-Beine. Füge Stiefel hinzu.

COWBOYS ZUM AUFHÄNGEN

64

1. Zeichne ein Gesicht für den Cowboy. Füge ein Hemd und die übrige Kleidung hinzu, dann auch die Stiefel und einen großen Hut. Zeichne die Hände separat.

2. Male Kleidung und Schutzhose mit Buntstiften aus. Verziere die Schutzhose mit kleinen dreieckigen Fransen. Fahre die Umrisse mit einem schwarzen Filzstift nach.

3. Schneide den Körper und die Hände des Cowboys aus. Drehe den Körper um. Schneide ein kurzes Stück von einem Strohhalm ab und befestige es mit Klebeband auf dem Körper, wie oben gezeigt.

67

PIRAT

Bastle einen Piraten. Zeichne eine Hand mit einem Säbel.

4. Fädle eine Schnur durch den Strohhalm. Befestige die Hände mit Klebeband an den Enden der Schnur. Schneide ein Stück Schnur ab. Befestige sie am Hut als Schlaufe zum Aufhängen.

68

GRUSELIGES SKELETT

Zeichne die Formen dieses Skeletts für den Körper, die Hände und die Füße ab. Schneide für die Arme und Beine lange Schnurstücke ab.

69

HAARIGES MONSTER

Erschaffe ein vierhändiges Monster. Befestige für die Schnur-Arme und -Beine drei Strohhalmstücke am Körper.

SCHMETTERLINGE DRUCKEN

Alle Bilder auf dieser Doppelseite sind aus Handabdrücken entstanden.

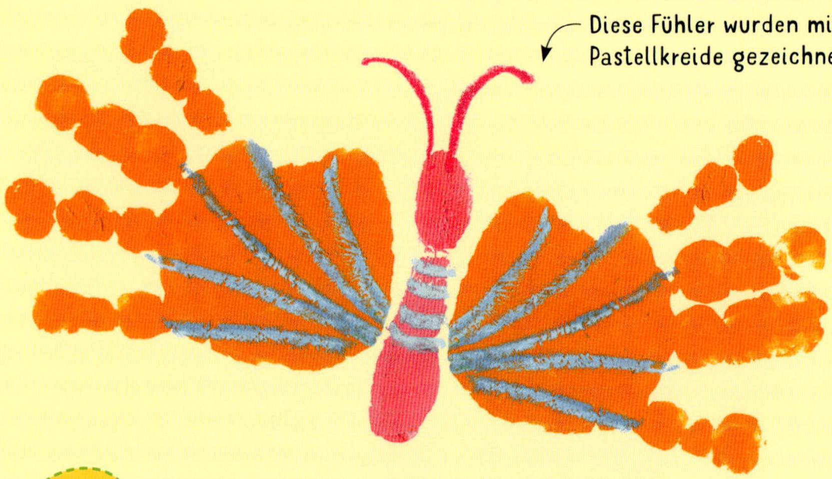

Diese Fühler wurden mit Pastellkreide gezeichnet.

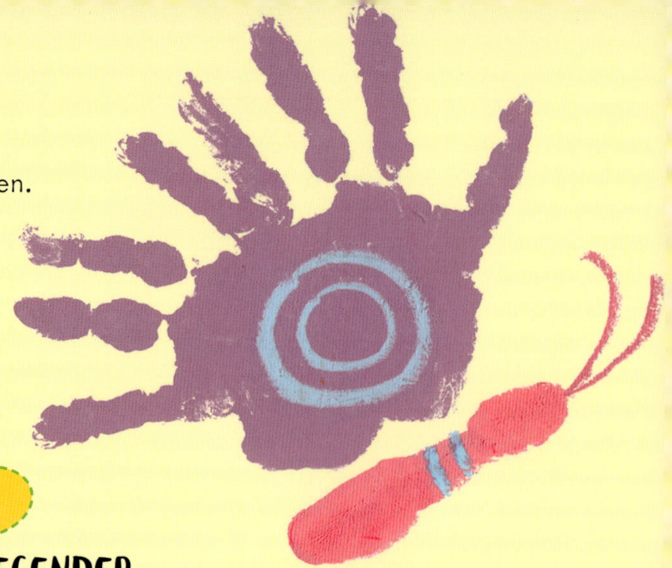

71

FLIEGENDER SCHMETTERLING

Verwende zwei sich überlappende Handabdrücke für die Flügel. Drucke den Körper darunter.

70 EINEN SCHMETTERLING DRUCKEN

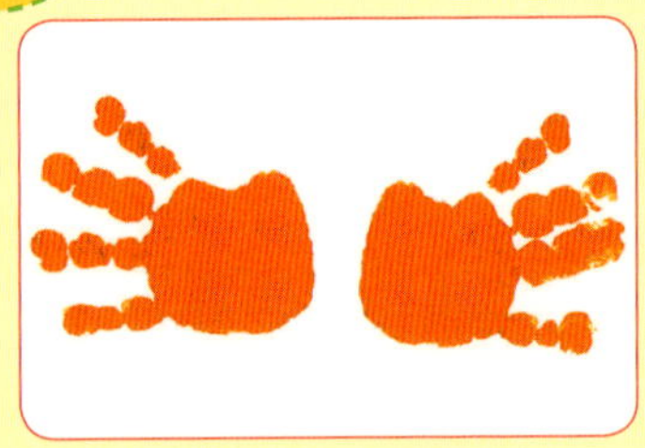

1. Tauche deine Hände (aber nicht die Daumen) in Farbe und drücke sie nebeneinander auf Papier. Wasche deine Hände.

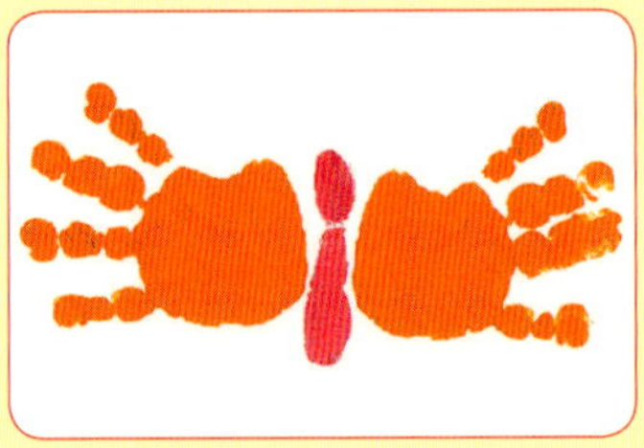

2. Nimm eine andere Farbe und drucke mit dem Zeigefinger den Körper. Füge den Kopf mit deiner Fingerspitze hinzu.

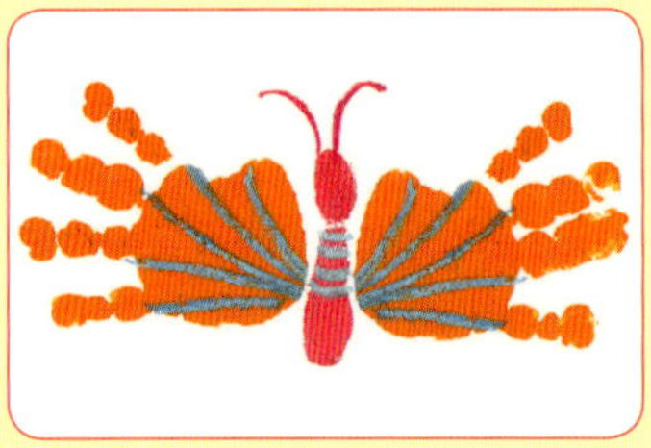

3. Ist die Farbe vollständig getrocknet, zeichne Fühler an den Kopf. Verziere den Körper mit Streifen und die Flügel mit Mustern.

72 EIN GROSSES BILD

Gestalte ein großes Bild mit vielen Schmetterlingen und Blumen aus Hand- und Fingerabdrücken.

73 BLUMEN DRUCKEN

1. Verwende einen aufrechten Handabdruck (ohne Daumen) für die Blume und die Blütenblätter.

2. Wenn die Farbe vollständig getrocknet ist, zeichne gewellte Linien und einen Kreis mit Stiften oder Pastellkreide ein.

3. Male einen grünen Stängel dazu und ergänze ihn oben und auf beiden Seiten mit Blättern aus Fingerabdrücken.

74 KÄFER DRUCKEN

Drucke mit dem Finger einen Kreis. Sobald die Farbe getrocknet ist, zeichne Kopf, Beine und Punkte.

LANDSCHAFTEN MALEN

75 DIE SZENE MALEN

1. Zeichne den Umriss des gesamten Bildes mit einem Bleistift vor. Male in das Bild einen grünen Hügel. Fülle den Rest des Bildes mit gelber Farbe.

2. Ist die Farbe getrocknet, male mit dicker Farbe mehrere Felder hinzu. Ritze mit dem Ende eines Pinsels Kringel oder Linien in die noch nasse Farbe.

3. Warte, bis die Farbe trocken ist. Entwirf einige Gebäude entlang des Hügelrands und male sie mit einem dünnen Pinsel aus.

4. Trage noch einmal Farbe auf die Fenster und Dächer auf. Ritze mit dem Ende eines dünnen Pinsels in die nasse Farbe hinein. Füge auch Türen und kleine Fenster hinzu.

76 ENTENTEICH

Entwirf einen Teich. Male eine Ente mit Küken, sobald die Farbe getrocknet ist. Gestalte den Rand mit Schilfgras.

Verziere die Bäume mit eingeritzten Mustern.

77

WOLLIGE SCHAFE

Male weiße Kleckse für die Schafe und ritze Locken in das Fell.

78

KAROTTENACKER

Male Karotten auf ein Feld. Ritze Linien ein und füge grüne Stängel und Blätter hinzu.

KARTEN ZUM AUFKLAPPEN

79 AUFKLAPPBARE NASEN

1. Falte ein rechteckiges, dickes weißes Papier in der Mitte. Schneide für die Nase eine gekrümmte Linie in die Mitte der Faltkante. Falte die Nase nach vorn – so erhältst du eine Klappe.

2. Knicke die Klappe zur Rückseite der Karte um. Falte die Klappe auseinander. Öffne die Karte und drücke die Nase mit dem Finger durch die Mitte, wie oben.

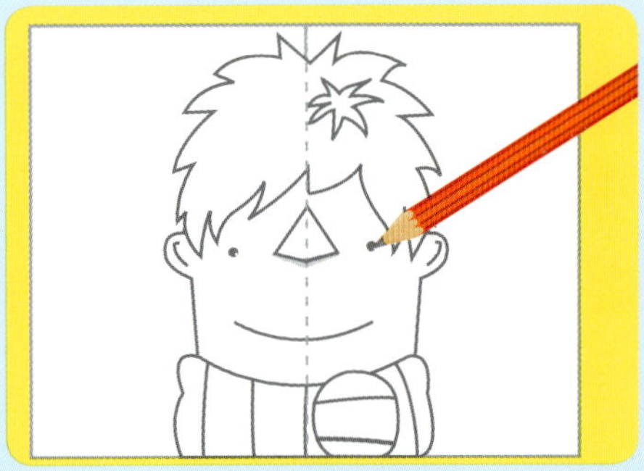

3. Drehe die Karte um. Zeichne um die Nase herum einen Kopf und darunter einen gemusterten Schal. Füge Haare und Ohren hinzu und zeichne einen Mund und Augen ein.

4. Male das Gesicht mit Filzstiften oder Farbe aus. Schneide den Umriss des Kopfes aus. Schließe die Karte vorsichtig, sodass die Nase flach in der Mitte liegt.

80 EINEN HINTERGRUND GESTALTEN

Du kannst einen Hintergrund gestalten und eine Nachricht darauf schreiben. Klebe dazu die Karte in ein gefaltetes, dickes Stück Papier, wie oben.

81 ZAUBERHUT UND -MANTEL

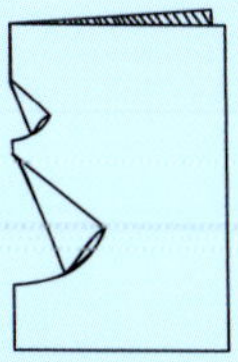

Schneide in die gefaltete Karte eine kurze gekrümmte Linie für den Hut und darunter eine größere für den Mantel. Zeichne den Kopf, die Arme und Beine auf die Karte. Ergänze einen Zauberstab und kreisförmige Muster für den Hintergrund.

82 RAKETENSTART

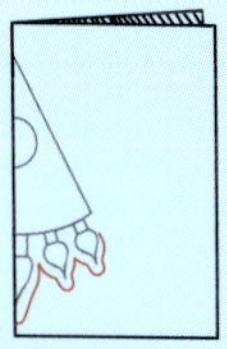

1. Zeichne eine Raketenhälfte mit Flammen an die Faltkante.

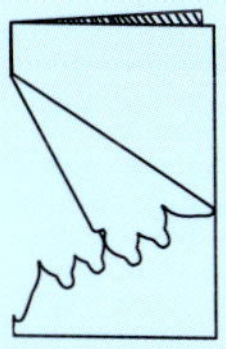

2. Schneide sie aus und knicke sie um, damit du eine Klappe erhältst.

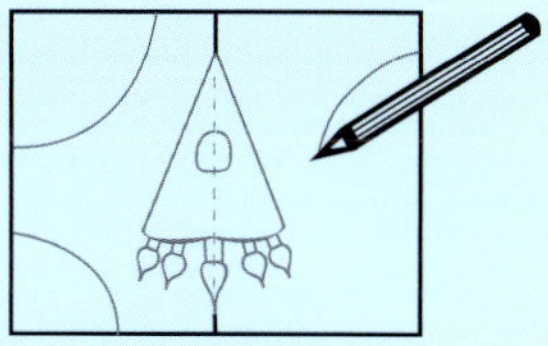

3. Zeichne zum Schluss Planeten und Sterne um die Rakete herum.

83 SCHWIMMENDE FISCHE

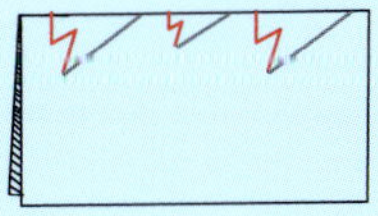

1. Zeichne drei Zickzacklinien unter die Faltkante, wie oben. Lass dazwischen kleine Lücken.

2. Schneide entlang der Linien und knicke jede um. Drücke die Formen in die Karte.

3. Male einen Hintergrund mit Wellen, Blasen und Korallen.

BLUMEN AUS FINGERABDRÜCKEN

Alle Blumen auf diesen Seiten sind aus Fingerabdrücken und gemalten Stängeln entstanden. Verteile dazu etwas Farbe auf einem Teller. Tauche deinen Mittelfinger in die Farbe und drücke ihn auf ein Stück Papier.

84 ROT GEPUNKTETE BLUME

Male Stängel auf ein Stück Papier. Drucke mit dem Finger einen großen rosafarbenen Kreis. Wenn die Farbe getrocknet ist, verwende deinen kleinen Finger für gepunktete Fingerabdrücke.

Male lange Stängel mit vier Blättern unter der Blüte.

85 BLÜTENBÜSCHEL

Male lange dünne Stängel. Drucke mit dem Mittelfinger versetzte Blüten entlang des Stängels.

Füge mit Fingerabdrücken einige Bienen hinzu.

86 KLEINE BLÜTEN

Drucke mit dem kleinen Finger viele kleine Blüten.

88

KLETTERPFLANZE

Male eine geschlängelte Linie um einen Stängel herum. Drucke mit Mittelfinger und kleinem Finger Blumen mit mehreren Blütenblättern.

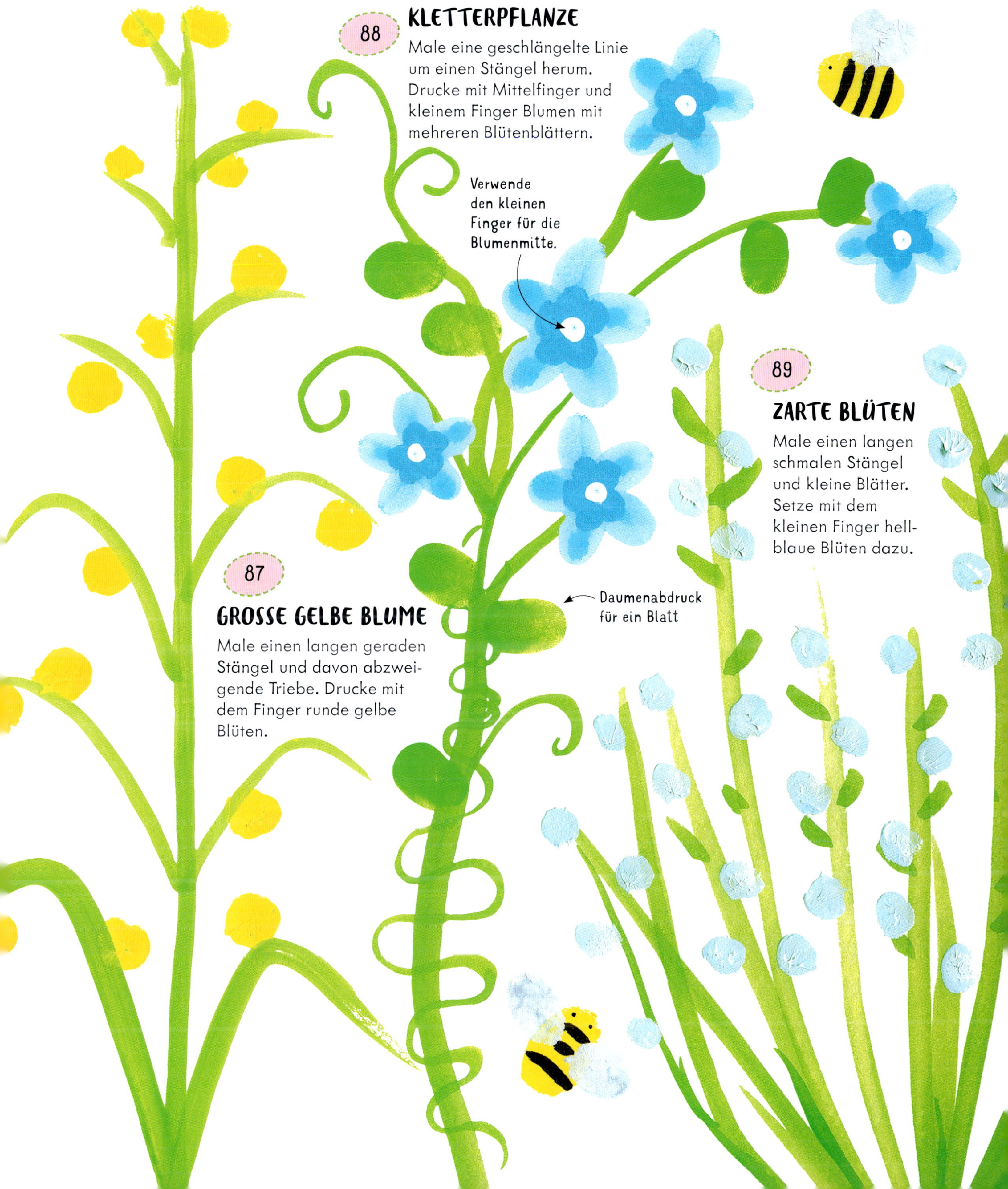

89

ZARTE BLÜTEN

Male einen langen schmalen Stängel und kleine Blätter. Setze mit dem kleinen Finger hellblaue Blüten dazu.

87

GROSSE GELBE BLUME

Male einen langen geraden Stängel und davon abzweigende Triebe. Drucke mit dem Finger runde gelbe Blüten.

FANTASIEVOLLE MASKEN

90 EINFACHE MASKE

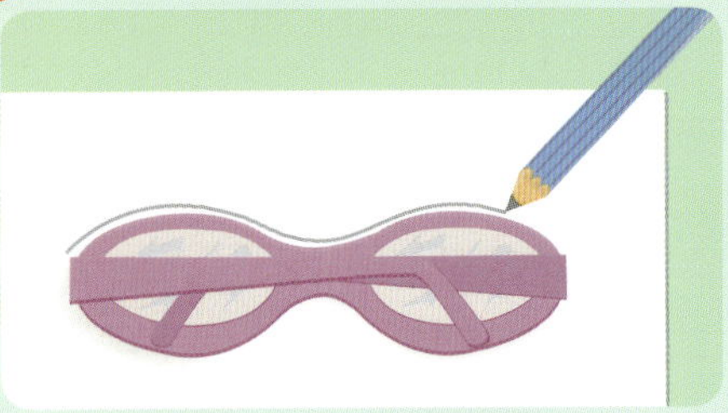

1. Lege eine Brille oder Sonnenbrille auf ein Stück dickes Papier oder dünnen Karton. Zeichne mit dem Bleistift eine genaue Linie rund um die Brille.

2. Zeichne zwei Formen für die Augen. Füge dann eine Maskenform rund um den Umriss der Brille hinzu. Schneide die Maske entlang ihres Randes aus.

3. Drücke einen spitzen Bleistift durch eines der Augenlöcher. Vergrößere das Loch mit einer Schere und schneide das Auge aus. Schneide das andere genauso aus.

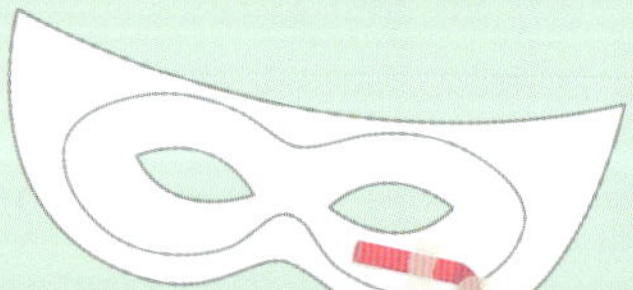

4. Bastle einen Griff. Knicke dazu die Spitze eines biegsamen Strohhalms um und klebe ihn fest.

91 HARLEKINSMASKE

Verziere eine Maske mit Papierrauten und Glitzerkleber.

92 GLITZERMASKE

Verziere eine Maske mit Glitter und glänzenden Stickern.

93 MIT BÄNDERN VERZIEREN

Klebe Geschenkband auf und darüber einen glänzenden Sticker.

TIERMASKEN

Klebe ein Gummiband oder eine Schnur auf die Rückseite der Maske, um sie zu tragen.

94 TIGERMASKE

Bastle eine Tigermaske mit rautenförmigen Augen.

Zeichne mit einem schwarzen Filzstift Streifen auf das orangefarbene Papier.

95 KATZENMASKE

Bastle eine Katzenmaske. Dekoriere sie mit Pailletten und ausgeschnittenen Formen aus Papier.

96 SCHMETTERLINGSMASKE

Schneide Flügel und dann Kreise für die Augen aus. Füge Fühler aus Geschenkband hinzu.

Schneide Kreise für die Augen aus.

97 AFFENMASKE

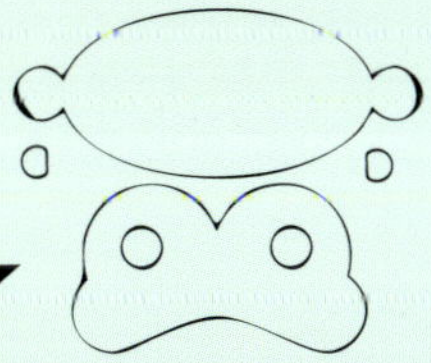

Schneide den Kopf und das Gesicht eines Affen aus braunem Papier aus. Verwende rosafarbenes Papier für die Ohren.

Zeichne diese Formen für die Affen- und Vogelmaske.

98 VOGELMASKE

Schneide Federn aus Seidenpapier aus und klebe sie rund um die Maske.

BUNTE KETTEN

99 EINE KETTE BASTELN

1. Zeichne alle Teile, mit denen du die Kette gestalten möchtest, auf Papier und schneide sie aus. Schneide dann Details aus, wie zum Beispiel Insektenflügel, oder zeichne sie mit einem Filzstift ein.

2. Schneide ein langes Stück Schnur ab. Lege die Teile, die du entworfen hast, mit der Vorderseite nach unten vor dich hin und lege die Schnur darüber. Klebe jedes Teil mit Klebeband fest.

100 INSEKTEN

Bastle eine Kette (wie in der Anleitung unten) mit Insekten, Blättern und einer Blume.

101 ROSA UND LILA

Bastle eine Kette mit Accessoires. Verwende zwei Farben Papier.

102 KLEIDUNG

Entwirf Kleidungsstücke und befestige sie an der Schnur.

103 **MITTELALTER**

Bastle eine Kette mit Rittermotiven. Verwende Aluminiumfolie oder Silber- und Goldstifte für die Details.

104 **SPORT**

Entwirf verschiedene Bälle und Schläger für eine Kette, um damit dein Zimmer zu schmücken.

105 **WELTRAUM**

Bastle eine Kette mit Weltraummotiven wie Planeten und Sternschnuppen.

Die Anleitung für eine solche Rakete findest du auf Seite 66.

MIT BLÄTTERN DRUCKEN

106 SO FUNKTIONIERT DAS DRUCKEN MIT BLÄTTERN

1. Gieße etwas dicke Farbe auf einen alten Teller. Füge ein wenig Wasser dazu und vermische es mit einem Pinsel. Die Farbe soll leicht flüssig sein.

2. Lege ein Blatt auf Zeitungspapier, sodass die Rippen auf der Unterseite oben liegen. Streiche eine dicke Schicht Farbe auf das Blatt, bis es ganz damit bedeckt ist.

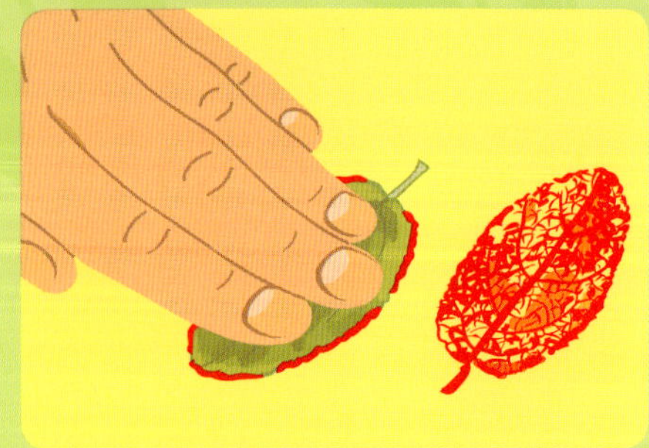

3. Drücke das Blatt nun auf ein Stück Papier, um einen Abdruck zu erhalten. Bestreiche das Blatt wieder mit Farbe und drücke es erneut auf das Papier. Drucke weitere Blätter und lass die Farbe trocknen.

107 PAPAGEI

Drucke verschiedene Blätter auf Papier. Schneide die Formen aus und klebe sie als Federn auf einen Papagei aus Papier.

108 LÖWE

Entwirf eine Löwenmähne aus gedruckten Blättern. Klebe ein Blatt an das Ende des Schwanzes.

110

IGEL

Drucke viele Blätter auf Papier und schneide die Formen aus. Klebe sie in Reihen auf einen ovalen Körper. Beginne am Schwanz des Igels.

109

SCHILDKRÖTE

Schneide einen ovalen Körper aus Papier aus. Drucke mit verschiedenen Blättern ein Muster für den Schildkrötenpanzer.

112

KRABBELTIERE

Entwirf Insektenkörper und -flügel aus den Abdrücken kleiner Blätter. Füge mit einem Filzstift Details hinzu.

111

GIRAFFE

Drucke mit Blättern ein Fleckenmuster für die Giraffe. Schneide Abdrücke für die Mähne und den Schwanz aus.

MONSTER-PUSTEBILDER

113 ZWEIFARBIGES MONSTER

1. Gieße grüne Farbe in einen Becher und mische sie mit etwas Wasser, sodass sie flüssig wird. Gieße blaue Farbe in einen weiteren Becher und verflüssige sie.

2. Gieße etwas grüne Farbe auf ein dickes Blatt Papier. Gib daneben etwas blaue Farbe dazu, sodass die Farben ein wenig ineinanderfließen.

3. Halte einen Strohhalm nah an die Farbe und puste fest hinein. So breitet sich die Farbe auf dem Papier aus. Puste weiter und entwirf dabei die Form eines Monsters.

4. Ziehe das Ende des Strohhalms durch die Farbe und gestalte so Stiele für die Augen. Füge genauso Arme und Beine hinzu. Ist die Farbe getrocknet, zeichne Augen und einen Mund ein.

114 GROSSE LIPPEN

Male ein Monster-Pustebild und ziehe die Farbe in die Form eines Mundes mit großen Lippen.

115 FLUGMONSTER

Zeichne Flügel an ein Monster. Ergänze kleine Bewegungslinien, damit es aussieht, als würde es fliegen.

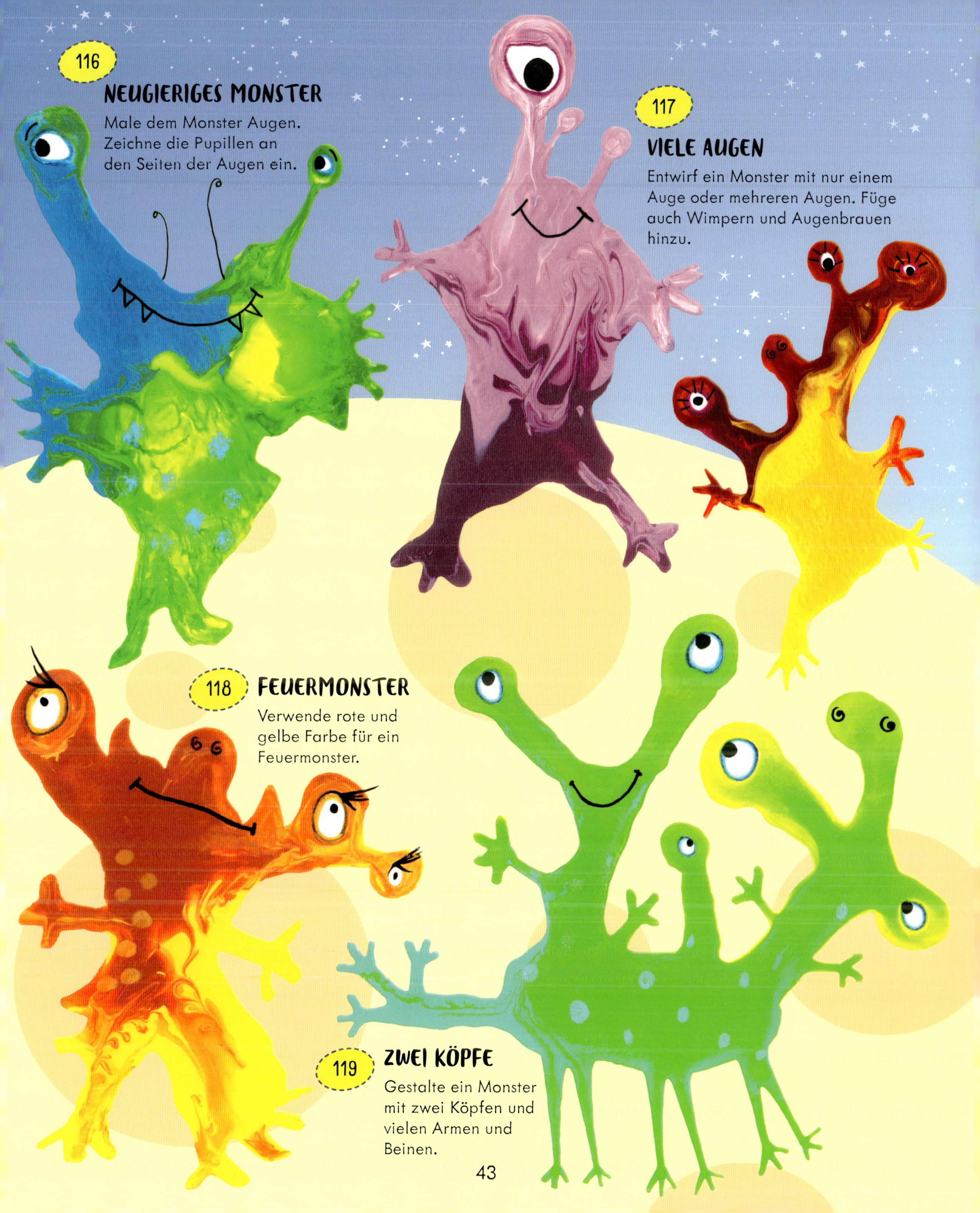

116 NEUGIERIGES MONSTER

Male dem Monster Augen. Zeichne die Pupillen an den Seiten der Augen ein.

117 VIELE AUGEN

Entwirf ein Monster mit nur einem Auge oder mehreren Augen. Füge auch Wimpern und Augenbrauen hinzu.

118 FEUERMONSTER

Verwende rote und gelbe Farbe für ein Feuermonster.

119 ZWEI KÖPFE

Gestalte ein Monster mit zwei Köpfen und vielen Armen und Beinen.

HUNDE ZEICHNEN

121 DALMATINER

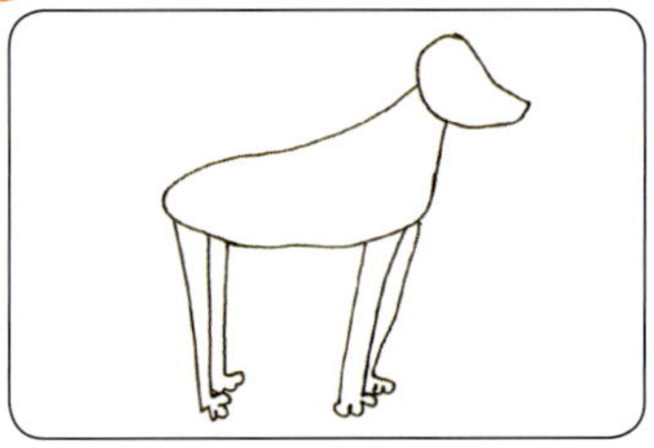

1. Zeichne mit einem dünnen Stift eine Kopfform, dann einen Körper und vier Beine mit Pfoten.

2. Ergänze den Körper mit einem Schwanz und Ohren. Zeichne die Nase und Augen ein und male sie aus. Setze viele Punkte hinzu.

120 PUDEL

1. Tauche einen Finger in schwarze Farbe. Erstelle aus vielen Abdrücken einen Körper. Füge den Kopf, die Füße und den Schwanz hinzu.

2. Drucke einen Hals aus Fingerabdrücken. Ist die Farbe getrocknet, zeichne lange Ohren, Beine, Pfoten, Nase und Schwanz ein.

Zeichne Kringel mit einem Buntstift.

Füge Pfotenabdrücke hinzu.

122 LANGHAARIGER HUND

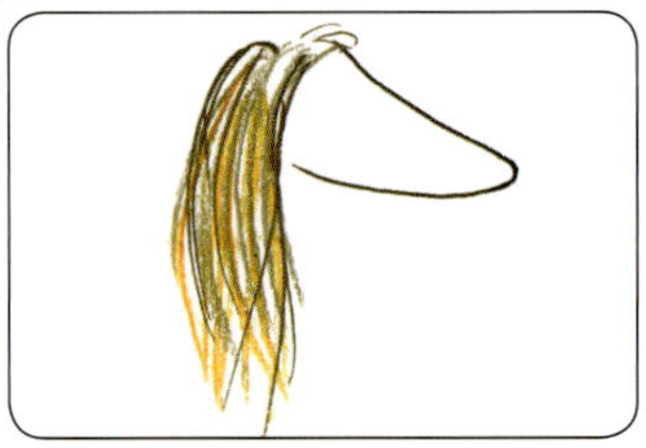

1. Zeichne ein „V" für die Schnauze und verwende verschiedenfarbige Stifte für die langen Haare.

2. Zeichne einen feinen Umriss des Körpers und der Beine und füge viele Linien für das Fell hinzu. Zeichne auch einen Schwanz ein.

123 GEDRUCKTER HUND

1. Verteile Farbe auf einem Teller. Schneide ein Rechteck aus Pappe aus. Drücke es in die Farbe.

2. Ziehe die Pappe über ein Blatt Papier, um einen Körper zu entwerfen. Verwende ein kleines Stück für den Hals.

3. Drehe die Pappe, um den Kopf zu gestalten. Drucke mit der Kante ein Ohr, vier Beine und einen Schwanz dazu.

Verwende die Ideen und Methoden auf diesen Seiten, um viele weitere Hunde zu entwerfen.

4. Male weiße Punkte für die Augen. Zeichne das Gesicht und kleine Schlaufen für die Pfoten. Füge auch ein Halsband hinzu.

124 BULLDOGGE

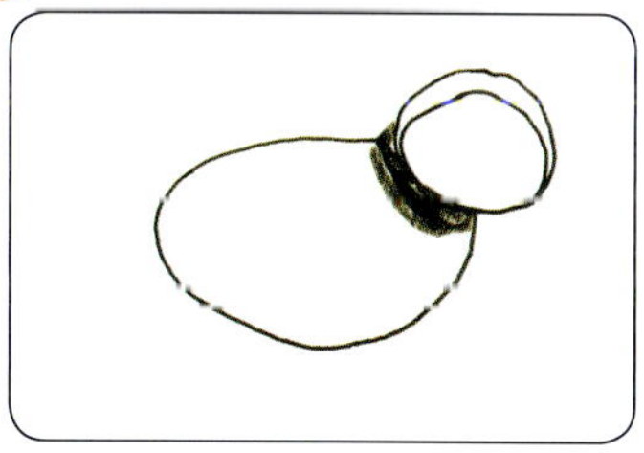

1. Zeichne einen Kopf und dann einen Körper. Füge am Kopf eine gebogene Linie für die Schnauze hinzu. Zeichne ein Halsband.

2. Zeichne Nase und Maul unter der gebogenen Linie ein. Male Ohren, zeichne kurze Beine und einen Stummelschwanz.

UNTERWASSER-COLLAGE

Mit den Ideen auf diesen beiden Seiten kannst du eine Unterwasser-Collage zusammenstellen.

125 MEER AUS SEIDENPAPIER

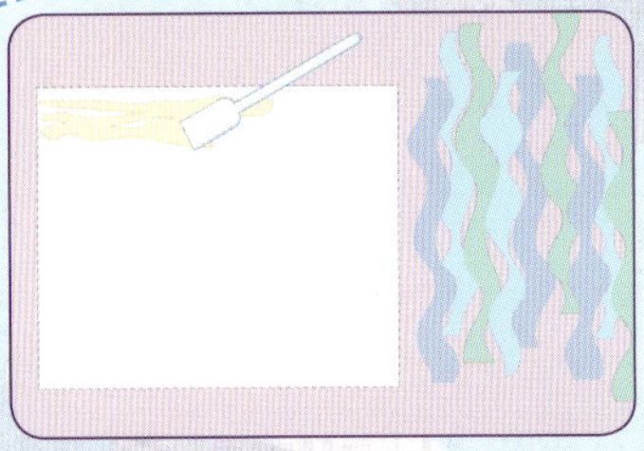

1. Schneide viele gewellte Streifen aus Seidenpapier in unterschiedlichen Blautönen aus. Bestreiche den oberen Teil deines Papiers mit Klebstoff.

2. Lege einen Streifen auf den Klebstoff. Drücke ihn so fest, dass er sich in einer glatten Linie über den oberen Teil des Papiers erstreckt.

3. Klebe weitere gewellte Streifen ein, die einander überlappen. Füge Klebstoff und Streifen hinzu, bis das Papier davon bedeckt ist.

4. Schneide verschieden große Kreise aus Seidenpapier für die Wasserblasen aus. Klebe sie auf die gewellten Streifen.

127 GROSSER FISCH

Schneide einen Körper und einen Schwanz aus. Füge Kopf und Flossen hinzu. Schneide Kreise für das Auge aus.

126 ROSAFARBENER FISCH

Zeichne einen Fisch und schneide die Form aus. Stanze mit dem Locher einen Kreis in farbiges Papier. Klebe ihn als Auge ein.

128

MINIFISCHE

Schneide einen Kreis für den Körper und ein Dreieck für den Schwanz aus. Füge Kreise als Auge hinzu.

129

SEGELBOOT

Entwirf ein Seidenpapierboot, das über die Wellen segelt.

Verwende gerade Streifen für den Himmel.

130

SEESTERN

Schneide einen Seestern aus. Du kannst auch eine kleine Form über eine größere kleben.

FILZTIERE NÄHEN

131 MAUS

1. Zeichne den Umriss einer Maus auf dünnes Papier und schneide sie aus. Falte ein Stück Filz in der Mitte. Hefte die Form mit Stecknadeln an den Filz. Schneide sie aus.

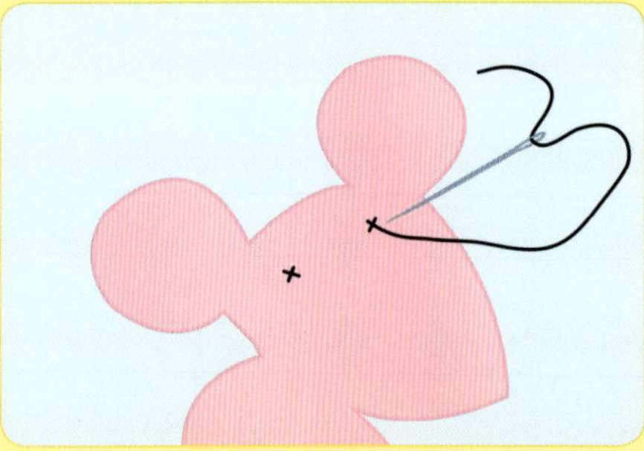

2. Entferne die Stecknadeln. Nähe zwei Augen. Fädle dazu einen Faden in eine Nadel ein und stich von hinten durch eine der beiden Formen. Nähe einen Querstrich und einen weiteren darüber, sodass ein „X" entsteht.

3. Füge ein weiteres Auge neben dem ersten hinzu und nähe den Faden hinten fest. Schneide ein neues Stück Faden für den Schwanz ab und klebe es auf die zweite Form, wie oben.

4. Hefte die Formen aneinander. Nähe sie rundherum mit dem Vorstich zusammen, aber lass eine Lücke. Stopfe die Maus mit Füllmaterial oder Watte aus. Nähe die Lücke zu.

132 NASE UND TASTHAARE

1. Nimm für die Tasthaare einen kurzen Faden und ziehe ihn mithilfe der Nadel einmal durch die Nase. Wiederhole dies mit einem zweiten Faden und setze ihn etwas weiter unten an.

2. Nähe eine Perle als Nasenspitze an (siehe Anleitung auf Seite 62).

133 GIRAFFE

Schneide eine Mähne und einen Schwanz aus und klebe sie auf eine der Formen, bevor du diese zusammennähst.

VORSTICH

1. Stich mit der Nadel von unten durch den Stoff und ziehe an dem Faden, bis er an deinem Knoten hängen bleibt. Stich ein Stück weiter vorne durch den Stoff.

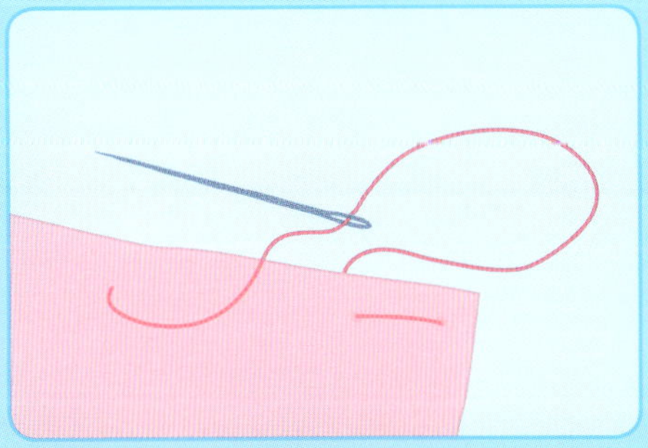

2. Ziehe an dem Faden, bis er straff ist. So entsteht ein gerader Stich auf der Vorderseite des Stoffs.

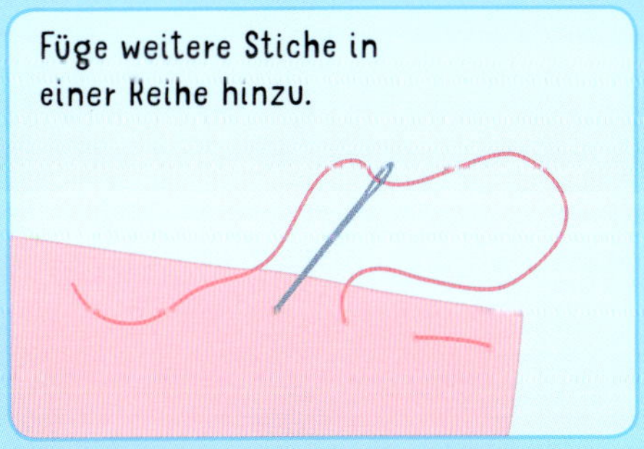

3. Stich mit der Nadel wieder von unten durch den Stoff, ein Stück weit von deinem ersten Stich entfernt. Stich dann wieder von oben durch den Stoff und füge so den nächsten Stich hinzu.

134 ELEFANT

Schneide einen Elefanten aus. Nähe zuerst die kleine Linie am unteren Ende des Ohrs. Nähe dann die Formen zusammen.

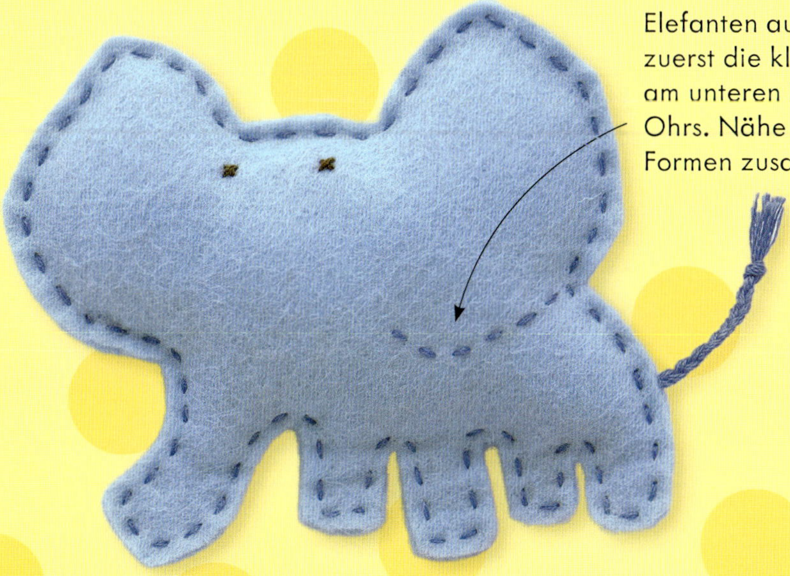

135 SCHILDKRÖTE

Nähe eine Schildkröte mit einem gemusterten Panzer.

Klebe die Punkte auf den Panzer. Nähe dann die Formen zusammen.

136 FUCHS

Nähe einen Fuchs mit einem weißen Bauch und einer weißen Schwanzspitze.

FAHRZEUGMODELLE

Zeichne viele verschiedene Fahrzeuge, wie auf diesen Seiten – oder überlege dir eigene Modelle.

137 SCHNELLES AUTO

Zeichne ein Auto mit einem starken Motor und großen Auspuffen, wie das rote oben.

Stretchlimousine mit verdunkelten Fenstern

138 LANGER BUS

1. Zeichne mit einem Buntstift den Umriss eines langen Busses mit Radkästen. Füge auch eine Tür und Fenster hinzu.

2. Zeichne die Räder ein und male sie aus. Dekoriere die Seite mit Streifen und ergänze Kofferraum, Scheinwerfer und Spiegel.

3. Zeichne die Köpfe von Passagieren in die Fenster und male sie aus. Male dann den ganzen Bus mit Buntstiften aus.

139 TRAKTOR UND ANHÄNGER

Zeichne einen kleinen Traktor und setze hinten einen Anhänger dazu.

140 MOTORROLLER

Zeichne einen Motorroller mit Fahrerin oder Fahrer.

141 FANTASIEAUTO

Entwirf ein Fantasieauto, wie man es auch in Filmen sehen könnte.

PAPIER DEKORIEREN

Dekoriere farbiges Papier mit verschiedenen Mustern und gestalte damit eine Eiscreme-Collage.

142 PAPIER MIT FARBSPRITZERN

Tauche einen Pinsel in Farbe und halte ihn nah an das Papier. Biege die Borsten nach hinten, wie oben.

143 STIFTKAPPEN-DRUCK

Tauche das offene Ende einer Stiftkappe in dicke Farbe. Drucke viele Kreise, die sich überschneiden.

144 LUFTPOLSTERFOLIE

Drücke ein Stück Luftpolsterfolie in etwas Farbe. Lege die Folie auf ein Blatt Papier und reibe mit der Hand darüber.

145 GITTERMUSTER

Tauche die Kante eines dicken Stücks Pappe in Farbe. Drucke damit ein Gitter aus senkrechten und waagerechten Linien.

Die Haube auf diesem Eis wurde mit dicker Acrylfarbe gemalt und mit Perlen und Glitter verziert.

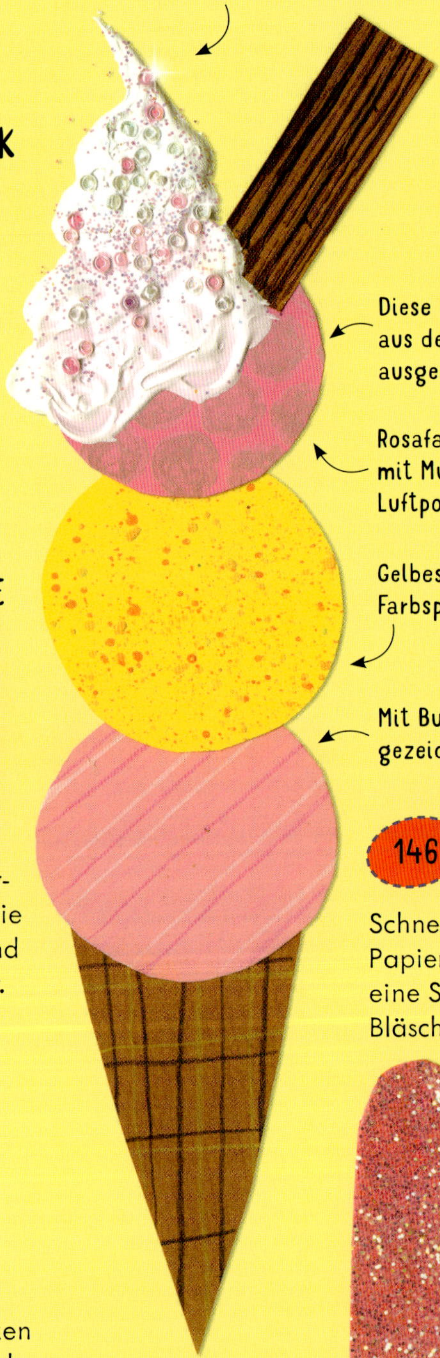

Diese Eiskugeln wurden aus dekoriertem Papier ausgeschnitten.

Rosafarbenes Papier mit Mustern aus Luftpolsterfolie

Gelbes Papier mit Farbspritzern

Mit Buntstiften gezeichnete Linien

146 EISCREME-SODA

Schneide ein Glas aus Papier aus. Verwende eine Stiftkappe, um viele Bläschen zu drucken.

Male für die Schokoladen-
dekoration einen dicken
braunen Strich und kratze
Linien hinein.

Diese rote
Waffel wurde
mit Pappe
bedruckt.

Du könntest viele
kleine Perlen oder
Glitter auf das Eis
kleben.

Für dieses blau-
weiße Muster wurde
Luftpolsterfolie
verwendet.

147

EISBECHER

Gestalte das Eis
mit vielen, sich
überlappenden
Fingerabdrücken.

KARTEN ZUM AUFSTELLEN

148 TORWART

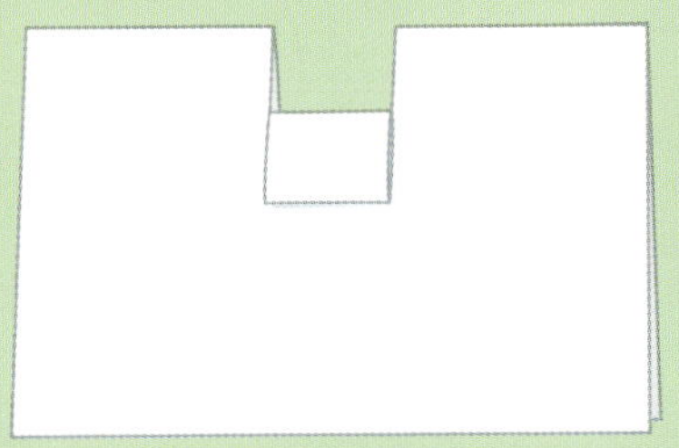

1. Schneide ein Rechteck aus dickem Papier aus und falte es in der Mitte. Schneide an der Faltkante zwei Mal in das Papier, sodass eine Klappe entsteht. Knicke die Klappe nach hinten um, dann nach vorne.

2. Öffne die Karte und drücke die Klappe durch die Mitte durch, wie im Bild oben. Schließe die Karte mit der Klappe innen. Streiche sie vorsichtig glatt und öffne sie wieder.

3. Zeichne die Torpfosten und das Netz mit einem schwarzen Stift in der oberen Hälfte der Karte. Male die untere Hälfte mit einem grünen Stift oder grüner Farbe aus. Schneide entlang der Torpfosten.

Du könntest in Schritt 3 ein Publikum um das Tor zeichnen.

4. Zeichne auf einem separaten dicken Papier einen Torwart, der nach dem Ball hechtet. Schneide ihn aus und bemale ihn mit Filz- oder Buntstiften. Klebe ihn vorne auf die Klappe.

149 FISCHE

Dekoriere eine Karte mit Wachsmalstiften und Farbe. Klebe einen Fisch auf die Klappe.

150 RENNBOOT

Bastle eine Karte mit einem Boot. Klebe es auf die Klappe.

Schneide Wellen in den Rand der Karte. Falte den vorderen Rand nach oben.

152

MÄRCHENSCHLOSS

Bastle ein Schloss mit zwei Türmen. Schneide zwei Klappen wie in Schritt 2 des Spukhauses. Klebe Dächer auf die Türme.

151

SPUKHAUS

1. Schneide ein Rechteck aus dickem Papier aus. Falte es in der Mitte und knicke es gut. Schneide an der Faltkante zwei Mal in das Papier, sodass eine große Klappe entsteht. Knicke die Klappe nach hinten um, dann nach vorne.

153

RITTERBURG

Bastle eine Ritterburg. Folge denselben Schritten wie beim Spukhaus und schneide eine dritte Klappe für den obersten Turm aus.

Schneide so für die zweite Klappe.

2. Öffne die Karte und drücke die Klappe durch die Mitte durch. Zeichne zwei Linien auf die Karte, wie oben gezeigt. Schiebe die Schere mit einer Klinge in die Klappe und schneide entlang der Linien.

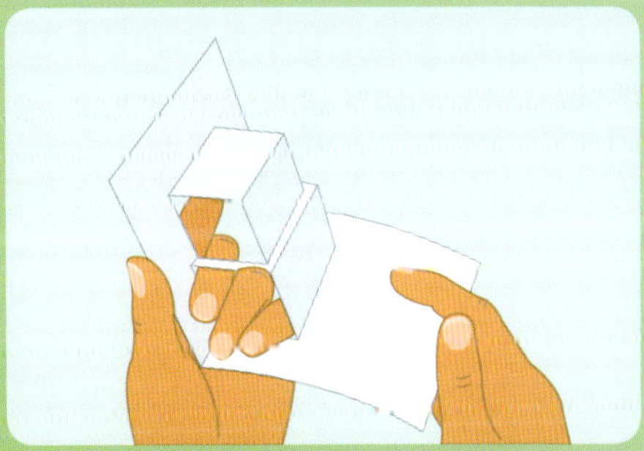

3. Öffne diese Klappe zur Vorderseite der Karte und knicke die Faltkante gut. Öffne die Karte noch einmal. Halte sie wie oben zu sehen und drücke die zweite Klappe zur Innenseite durch.

4. Lege die Karte flach vor dich hin und dekoriere das Haus und den Hintergrund mit Filzstiften. Zeichne ein Dach und schneide es aus. Klebe es dann auf den Rand der oberen Klappe.

GESCHENK-ANHÄNGER

Verwende die Ideen auf diesen Seiten und bastle Geschenkanhänger mit unterschiedlichen Verzierungen.

154 EINFACHE ANHÄNGER

Schneide ein Rechteck aus dickem Papier aus. Stanze mit dem Locher oben ein Loch hinein. Fädle ein Stück Geschenkband durch das Loch.

155 RESTE VERWERTEN

Bastle Geschenkanhänger aus Papierresten, Geschenkpapier oder alten Zeitschriften.

156 RUNDE ANHÄNGER

Nimm eine Tasse oder einen Deckel als Vorlage für den runden Umriss.

158 EIN BAND BEFESTIGEN

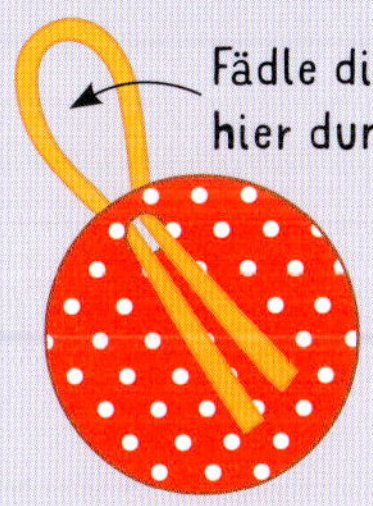

Falte ein Stück Geschenkband in der Mitte und schiebe es so durch das Loch im Anhänger. Fädle die Enden durch die Schlaufe und ziehe sie am Anhänger fest.

157 COLLAGE FÜR EINEN ANHÄNGER

Schneide Formen aus Stoff oder Papier aus und klebe sie auf die Vorderseite eines Anhängers. Du kannst auch Knöpfe oder Sticker hinzufügen.

Sieh auf Seite 14 nach, wie du diesen Schneemann druckst.

VÖGEL ZEICHNEN

159 GRUNDFORMEN

Verwende diese Grundformen, um viele verschiedene Vögel zu zeichnen.

160 STROMLEITUNG

Verwende die Grundformen oben und zeichne viele Vögel, die in einer Reihe auf einer Stromleitung sitzen.

161 VÖGEL AUF EINEM BAUM

Zeichne einen Baum und setze viele Vögel auf die Äste.

Du könntest eine Vogelmutter in ihrem Nest zeichnen.

162 PICKENDER VOGEL

Zeichne einen Vogel, der Futter aufpickt, mit dem Schwanz in der Luft und dem Schnabel nah am Boden.

Füge Wolken für den Himmel hinzu.

163 GESAMTBILD

Entwirf aus den Ideen auf diesen Seiten ein Bild mit Bäumen und Stromleitungen.

GESICHTER AUS ZEITSCHRIFTEN

Die Gesichter auf diesen beiden Seiten sind aus alten Zeitschriftenfotos zusammengesetzt.

164 COWBOY

1. Schneide ein Rechteck aus dickem weißen Papier aus, etwa in der Größe einer Postkarte. Wähle für den Hintergrund ein Foto aus einer alten Zeitschrift. Schneide daraus ein Quadrat aus und klebe es auf.

Klebe auch kleine Ohren auf.

2. Schneide aus Papier eine Form für den Körper und eine weitere für das Gesicht aus. Klebe den Körper unten auf das Foto und füge zwei Papierstreifen hinzu. Klebe das Gesicht darüber.

3. Schneide zwei Augen, einen Mund und einen Hut aus Zeitschriftenfotos aus und klebe sie auf das Gesicht. Zeichne eine Nase. Schneide einen Sheriffstern aus und klebe ihn an.

165 TAUCHERIN

Bastle ein Bild einer Taucherin. Zeichne eine Maske und füge einen Schnorchel hinzu.

Schneide kleine Fische aus und klebe sie um die Taucherin herum.

166 PARTYGAST

Bastle eine Collage von einem Mädchen auf einer Party.

Schleife und Kette wurden aus Geschenkpapier ausgeschnitten.

Klebe einen Arm und eine Hand auf, die ein Mikrofon hält.

Verwende ein Foto mit Wasser für den Hintergrund.

167 PIRAT PIET

Zeichne einen Piratenhut, eine Augenklappe und ein Hemd. Schneide den Bart, das Auge und den Papagei aus Zeitschriftenbildern aus.

168 SÄNGERIN

Bastle eine Collage von einer Sängerin. Klebe ein Foto eines offenen Mundes ein, sodass es aussieht, als würde sie singen.

169 GEBURTSTAG

Gestalte eine Geburtstagskarte mit einer Kerze auf einem Kuchen.

Verwende ein Foto von einem sonnigen Strand für den Hintergrund.

Klebe zusätzliche Blätter ein, die über den Hintergrund hinausragen.

170 EISCREME

Bastle eine Collage mit einer Eistüte, die aus verschiedenen Fotos besteht.

171 NATURFORSCHERIN

Schneide einen Dschungelhintergrund aus. Zeichne ein Fernglas und klebe Augen darauf.

PERLEN UND PAILLETTEN

172

BLUMEN-KARTE

Nähe eine Paillette und eine Perle in die Mitte einer Blume.

EINE PERLE AUFNÄHEN

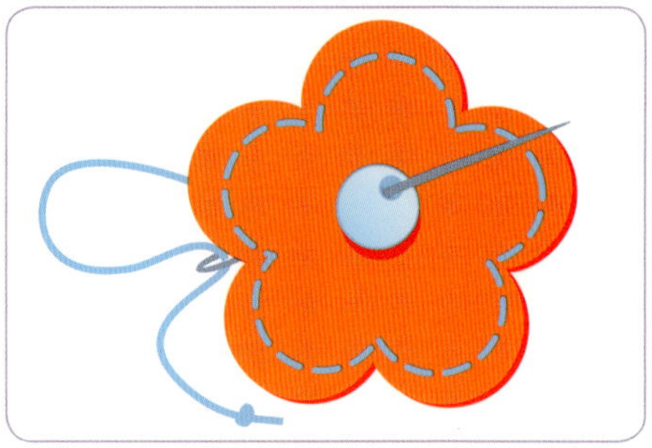

1. Fädle einen Faden in eine Nadel und verknote das Ende. Stich mit der Nadel von unten durch den Stoff. Stich dann durch das Loch in der Perle.

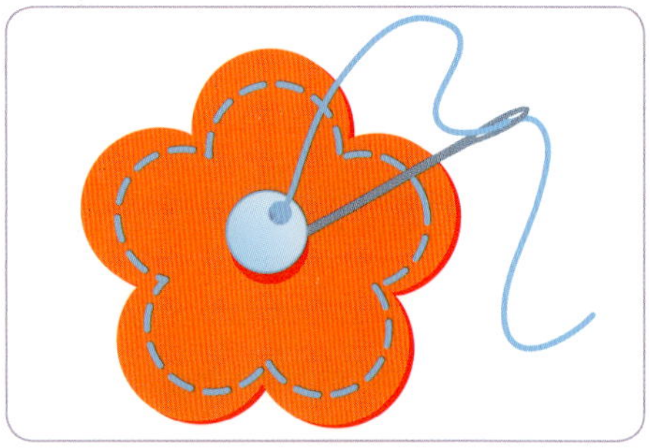

2. Stich mit der Nadel durch den Stoff unter der Perle, wie oben. Befestige den Faden mit zwei kleinen Stichen auf der Rückseite.

173

HERZEN MIT PAILLETTEN

Verziere Herzen auf einer Karte mit Perlen und ausgefallenen Pailletten.

174

STERN-ANHÄNGER

Dekoriere einen Geschenkanhänger mit Stoff und einer Perle.

175

VALENTINSHERZ

Stopfe ein Herz aus (wie auf Seite 48) und verziere es mit einer Perle.

176

HERZ- UND BLUMENKETTE

Bastle eine Kette. Klebe dazu dekorierte Formen an ein langes Band.

Füge zur Verzierung einige gerade Stiche hinzu.

177

DEKO ZUM AUFHÄNGEN

Klebe Bänder auf die Rückseite der Form. Damit kannst du sie aufhängen.

EINE PAILLETTE AUFNÄHEN

1. Stich mit der Nadel von hinten durch den Stoff, ziehe sie aber nicht ganz durch. Schiebe eine Paillette über die Nadel auf den Stoff und darüber eine kleine Perle.

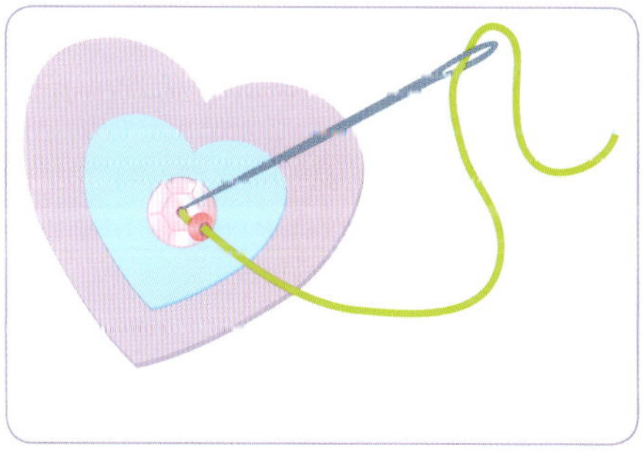

2. Ziehe den Faden durch Paillette und Perle. Stich dann mit der Nadel durch das Loch in der Paillette, ziehe den Faden ganz durch. Befestige den Faden mit kleinen Stichen.

DEKORATIVE KEGEL

178 WEIHNACHTSMANN

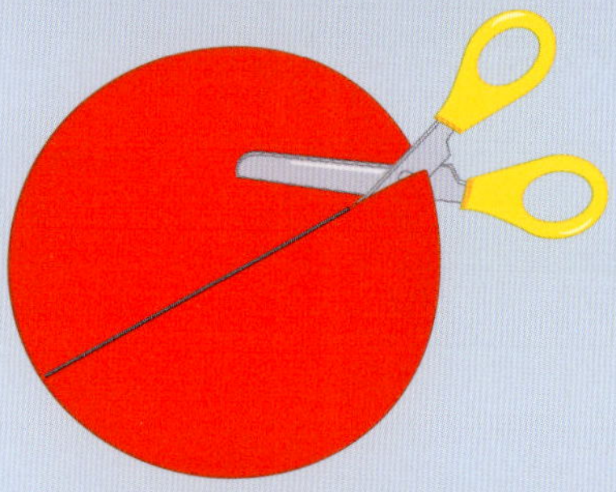

1. Um einen kegelförmigen Körper zu basteln, stelle einen Teller auf ein Stück rote Pappe und zeichne um ihn herum. Schneide den Kreis aus, den du gezeichnet hast, und schneide ihn in zwei Hälften.

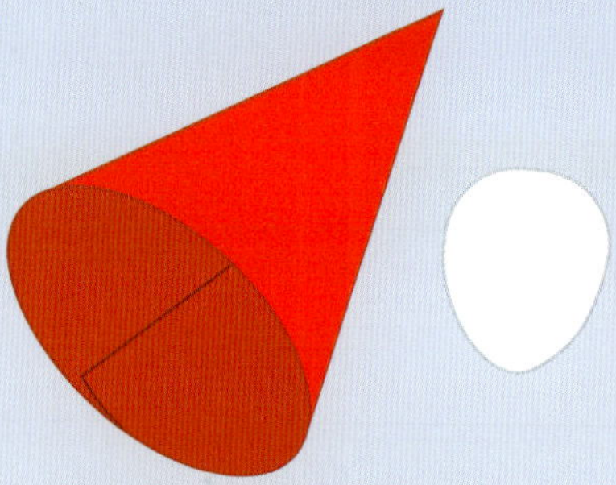

2. Biege eine der Hälften zu einer Kegelform und klebe sie an den Enden zusammen. Lass den Klebstoff trocknen und schneide aus weißem Stoff eine Form für die Haare und den Bart aus.

3. Schneide einen Kreis für die Hutspitze aus. Schneide ein Gesicht aus Papier aus und klebe es auf den Bart. Zeichne Augen, Wangen und Mund ein. Klebe alles auf den Kegel.

4. Schneide Arme, Hände, Beine und Stiefel aus Papier aus. Klebe die Hände auf die Arme und die Stiefel auf die Beine. Verziere die Beine mit kleinen Papierstreifen.

5. Klebe die Arme auf den Kegel und die Beine innen auf die Vorderseite. Bilde aus einem Stück Faden eine Schlaufe zum Aufhängen. Befestige sie an der Rückseite mit Klebeband.

179 WICHTEL

Bastle aus grünem Papier einen Wichtel. Gib ihm ein Gesicht mit spitzen Ohren.

180 **NOCH EIN WICHTEL**

Bastle einen weiteren Wichtel, dieses Mal mit langen Haaren.

182 **ENGEL**

Bastle eine Kegelform aus rosafarbenem Papier, mit einer Schneeflocke aus Seidenpapier darüber (wie auf Seite 88). Klebe Flügel an die Rückseite der Form.

183 **WEIHNACHTSBAUM**

Beklebe die Pappe mit Krepppapier. Dekoriere mit Pailletten, Geschenkband und einem Stern.

181 **SCHNEEMANN**

Schneide einen Kreis für den Kopf aus und klebe ihn auf einen Kegel. Füge Schal und Hut hinzu.

184 **RENTIER**

Schneide einen Kopf und ein Geweih aus und klebe beides oben an den Kegel. Füge eine rote Nase, Bauchfell und Hufe hinzu.

WELTRAUM-COLLAGE

185 EINFACHE RAKETE

1. Zeichne die Raumkapsel auf rotes Papier. Schneide sie aus und klebe sie auf ein Stück Papier. Schneide die gebogenen Streifen aus und klebe sie auf.

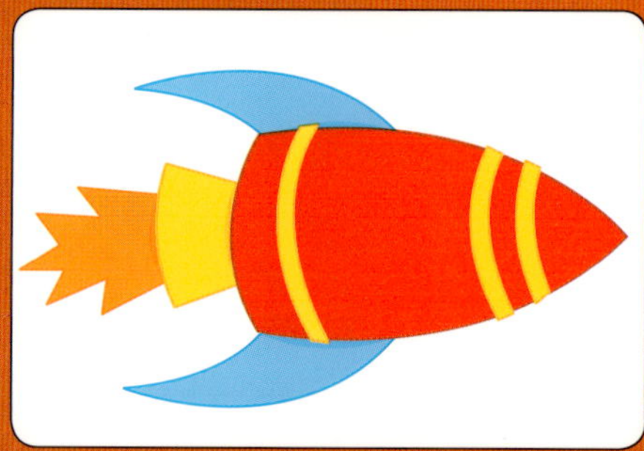

2. Schneide das Starttriebwerk und die Flamme aus und klebe sie an das Ende der Rakete. Schneide die beiden Flügel aus und klebe sie an die Seiten der Rakete.

3. Schneide einen großen Kreis und einen kleineren Kreis für ein Fenster aus und klebe sie auf die Rakete. Zeichne mit dem Filzstift einen tierischen Astronauten ins Fenster und eine Linie auf die Rakete.

186 GROSSES BILD

Verwende die Ideen auf diesen Seiten und entwirf eine Collage mit Raketen im Weltraum. Füge viele Sterne und Planeten hinzu.

Bastle eine einfache Rakete mit gelben Antrieben.

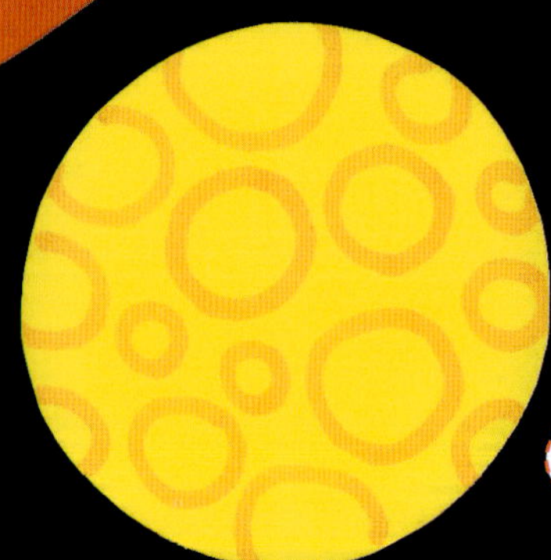

187 PLANET

Schneide einen gelben Kreis aus. Zeichne mit dem Stift Krater ein.

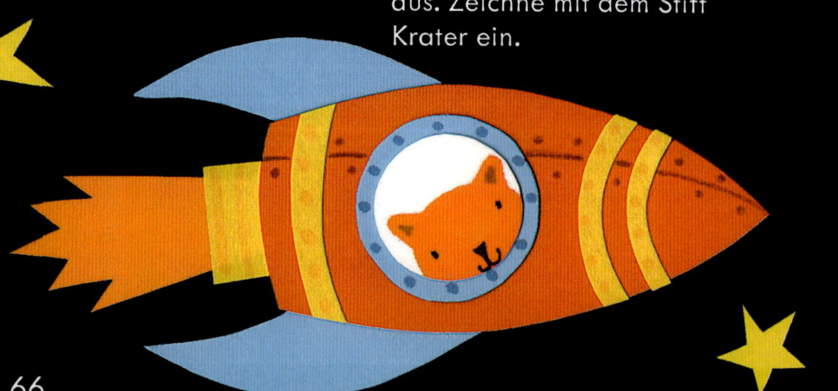

189 SCHNELLES RAUMFAHRZEUG

Bastle eine Rakete. Schneide ein kuppelförmiges Fenster aus und klebe es oben auf.

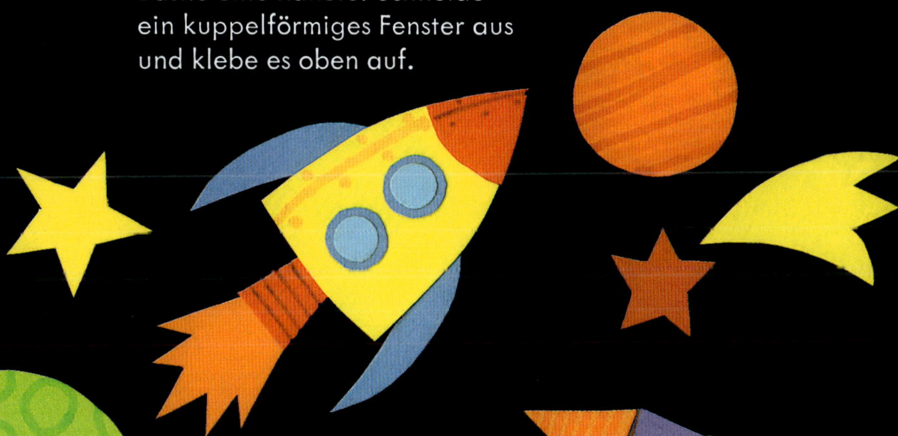

188 WELTRAUMMONSTER

Zeichne ein Monster in einem Raumschiff.

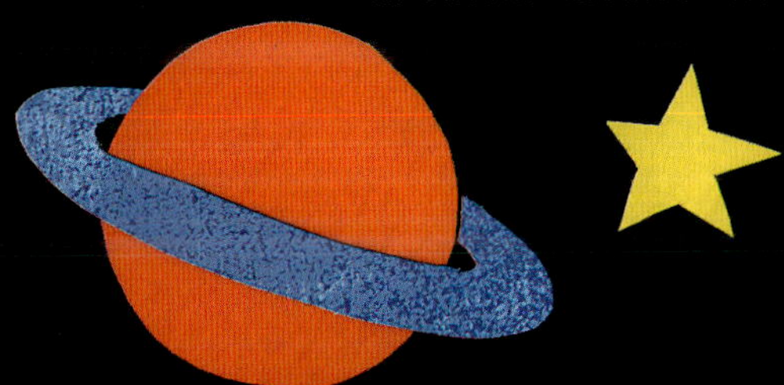

Dieser blaue Planet besteht aus Papier mit Schwammabdrücken (wie auf Seite 74).

190 MONDLANDUNG

Zeichne diese Formen ab und bastle daraus eine Rakete und einen Astronauten auf dem Mond.

Schneide Sterne aus gelbem Papier aus und klebe sie rund um die Raketen und Planeten.

PAPIERKETTEN

191 PAPIERKETTE AUS AUTOS

1. Falte ein großes Stück Papier der Länge nach in der Mitte. Drücke die eine Hälfte auf eine Oberfläche und reiße vorsichtig an der anderen, um das Papier entlang der Faltlinie in zwei Streifen zu trennen.

2. Falte einen der Streifen der Länge nach und reiße ihn entlang der Faltlinie ein. Falte den schmalen Streifen nun zwei Mal in der Mitte.

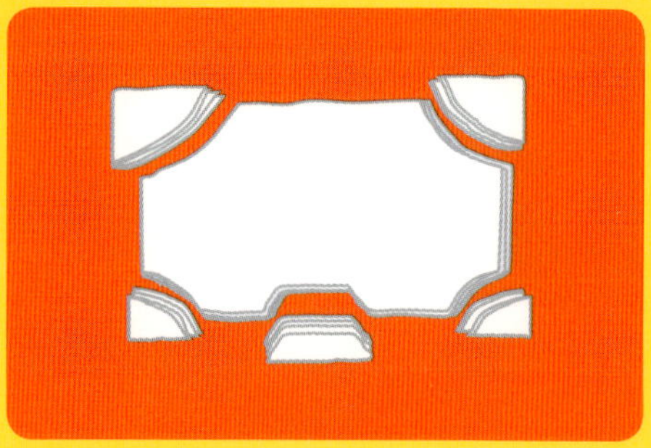

3. Lege das gefaltete Papier vor dich hin. Schneide jede Ecke ab und schneide am unteren Rand ein Stück aus der Mitte. Das ergibt die Silhouette eines Autos.

4. Falte das Papier auseinander. Zeichne ein Auto auf jede Form, sodass die Räder über den Ausbuchtungen unten liegen. Füge Scheinwerfer, Fenster und Türen hinzu und zeichne Personen ein.

Bei den Beispielen auf diesen beiden Seiten wurden mehrere Ketten zu einer langen Kette zusammengeklebt.

192 FLEDERMÄUSE

Zeichne diese Fledermausform auf gefaltetes Papier und schneide am Umriss entlang.

Schneide nicht die Flügelenden aus.

Male Augen und zeichne einen Mund.

193 TANZENDE HOODIES

Falte ein Rechteck aus Papier und zeichne diese Form. Schneide sie am Umriss entlang aus, schneide aber nicht die Enden der Arme aus.

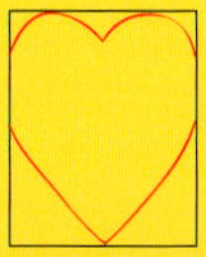

194 VALENTINSKETTE

Zeichne die Herzform auf gefaltetes Papier und bastle eine Herzkette.

195 KÜSSENDE FISCHE

Zeichne die Form unten auf gefaltetes Papier und schneide sie aus.

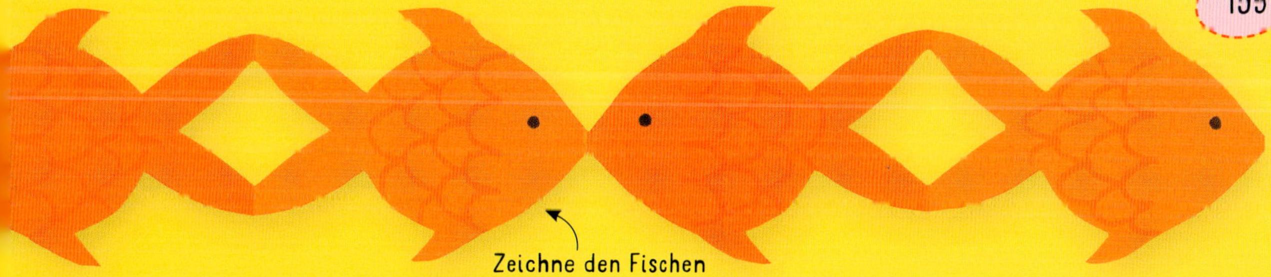

VÖGEL UND KRABBELTIERE

Die Lebewesen auf diesen beiden Seiten entstanden aus einem oder mehreren Daumen- oder Fingerabdrücken. Zur Verzierung wurden Buntstifte und Farbe verwendet.

196 FLIEGENDER VOGEL

1. Verteile etwas Farbe auf einem alten Teller. Tauche einen Daumen hinein und drücke ihn auf Papier.

2. Ist die Farbe trocken, male die Augen. Zeichne Schnabel, Flügel, Beine und einen Schwanz dazu.

VOGEL IN BEWEGUNG 197

Drucke einen Vogel und male kleine Linien neben seinen Körper – so sieht es aus, als würde er sich bewegen.

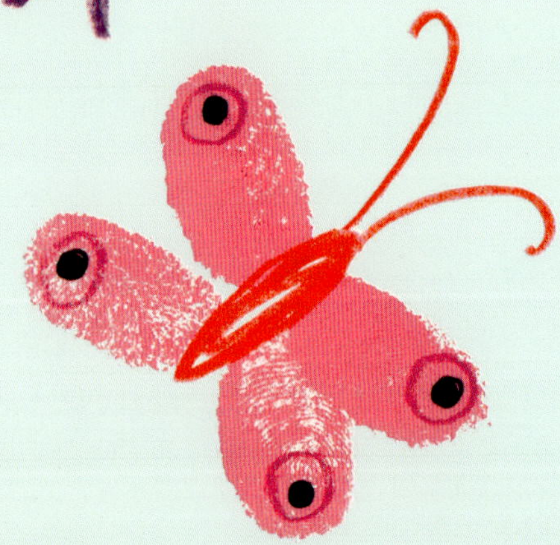

198 SCHMETTERLING

Verwende vier Daumenabdrücke für die Flügel, wie oben gezeigt. Sind sie getrocknet, male einen dünnen Körper dazu. Zeichne Fühler und Augen ein.

199 SPINNE

Verwende einen schwarzen Daumenabdruck. Füge Augen und acht Beine hinzu.

200 SPINNENNETZ

Zeichne lange Linien, die sternenförmig von einem Punkt ausgehen, und kürzere Linien dazwischen.

201 RAUPE

Ist die Farbe getrocknet, zeichne Fühler, Gesicht und Beine.

Setze einen Daumenabdruck auf das Papier und zwei weitere Abdrücke daneben. Ergänze den Rest des Körpers mit Fingerabdrücken.

202 RAUPE AUF EINEM BLATT

Drucke eine Raupe. Zeichne ein Blatt um sie herum. Male es mit Buntstiften oder Pastellkreide aus.

203 PUNKTE UND STREIFEN

Drucke eine Raupe. Verziere sie mit vielen kleinen Punkten aus Fingerabdrücken oder Streifen auf dem Körper.

TIERE AUS PAPIER FALTEN

204 ELEFANT

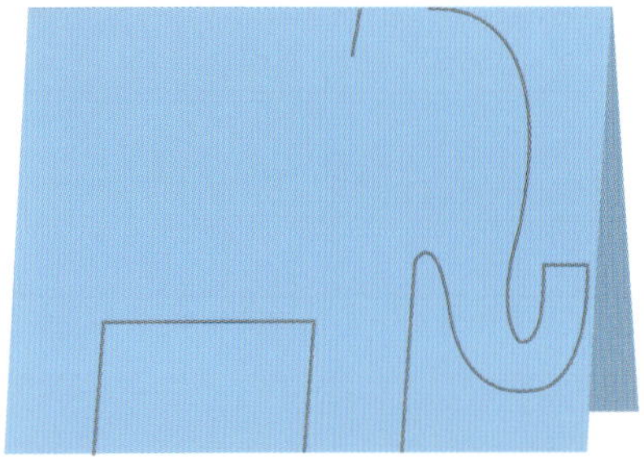

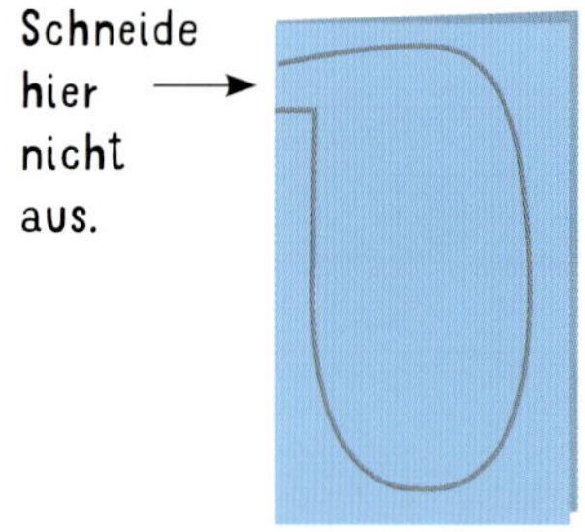

1. Falte ein Rechteck aus dickem Papier in der Mitte. Zeichne von der Faltkante aus den Umriss eines Elefanten, so wie oben. Füge eine Linie für die Ohren hinzu. Drücke das Papier zusammen und schneide den Elefanten aus.

2. Schneide ein kleineres Rechteck aus demselben Papier aus und falte es in der Mitte. Zeichne von der Faltkante aus ein Ohr. Lass das Papier gefaltet und schneide das Ohr aus.

3. Zeichne Augen, Zehen und Stoßzähne mit einem Filzstift ein. Schneide entlang der Linie für die Ohren. Stelle den Elefanten auf. Klappe die Ohren auseinander und stecke sie auf den Körper.

206 LÖWE

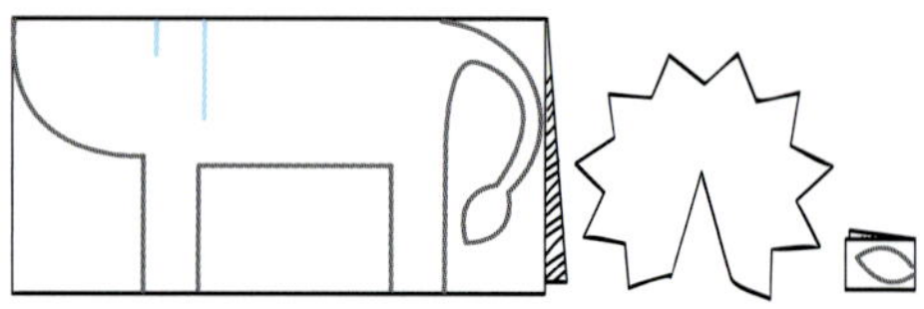

Bastle einen Löwen mit Ohren und einer Mähne.

205 KROKODIL

Bastle ein Krokodil aus einem langen gefalteten Stück Papier.

Zeichne die Augen auf eine solche Form.

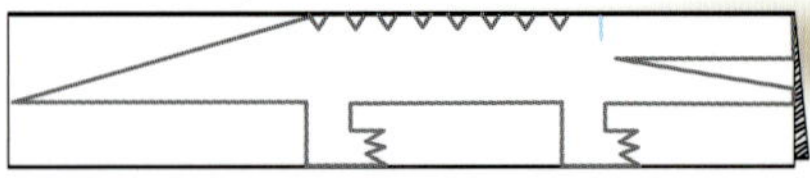

207 TIGER

1. Falte ein Rechteck aus dickem orangefarbenem Papier in der Mitte, sodass die kürzeren Enden übereinanderliegen. Verwende einen Bleistift und zeichne von der Faltkante aus die Hälfte eines Tigerkörpers, wie oben gezeigt.

2. Schneide die Form aus, falte das Papier auseinander und lege es flach vor dich hin. Knicke den Kopf zwischen den Ohren nach vorne (die Stelle ist oben mit einer roten gestrichelten Linie markiert).

3. Zeichne Augen, Nase und Mund mit einem Filzstift ein. Ergänze einige Streifen im Zickzackmuster. Zeichne Linien für die Vorder- und Hinterbeine und füge weitere Streifen hinzu.

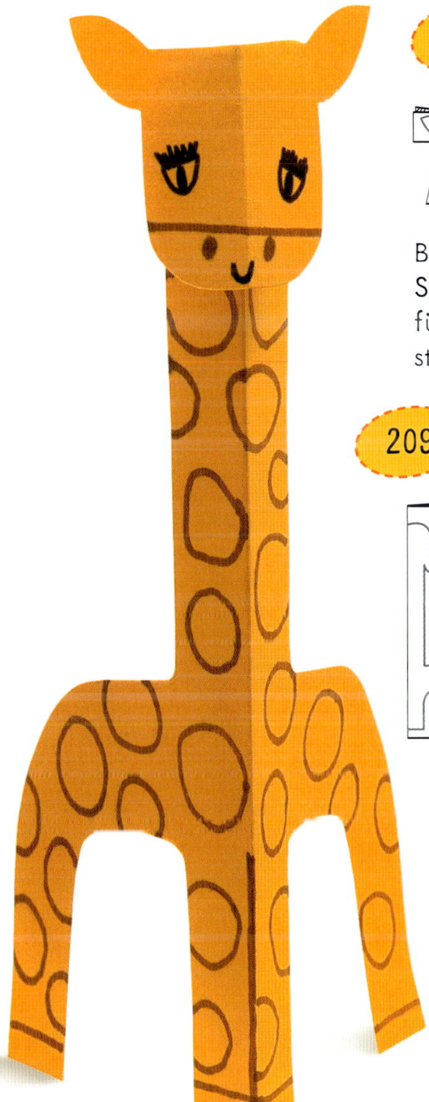

208 NASHORN

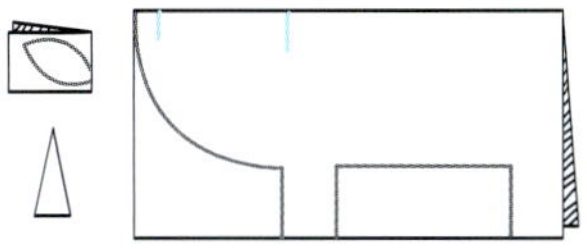

Bastle ein Nashorn. Schneide ein Dreieck für das Horn aus und stecke es auf die Nase.

209 GIRAFFE

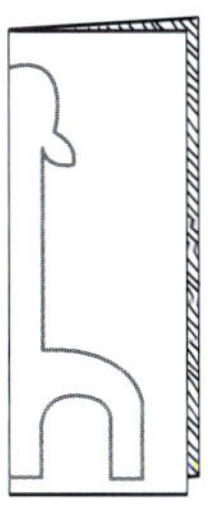

Bastle eine Giraffe. Knicke den Kopf oben am Hals nach vorne.

210 TIERFAMILIEN

Stelle eine Tierfamilie aus verschieden großen Papierformen zusammen.

VÖGEL MIT SCHWÄMMEN DRUCKEN

211 EINEN VOGEL DRUCKEN

1. Zeichne die Umrisse eines Vogels und eines Flügels auf ein Stück weißes Papier und schneide sie aus. Gib etwas gelbe, orangefarbene und rote Farbe auf einen Teller.

2. Tauche ein Stück eines Schwammtuchs in die gelbe Farbe und tupfe damit über den Vogel. Tupfe orangefarbene Farbe über die untere Hälfte des Körpers und den Flügel.

3. Tupfe rote Farbe über den unteren Teil des Körpers und den Flügel. Klebe den Flügel auf den Körper, sobald die Farbe getrocknet ist. Schneide die Beine und einen Schnabel aus und klebe sie auf.

212 VOGEL AUF DEM BAUM

Gestalte eine Collage mit einem Vogel auf einem Baum. Schneide Äste und Blätter aus und tupfe Farbe darauf.

213 FLIEGENDER VOGEL

Schneide zwei Flügel aus und klebe einen auf die Rückseite des Vogels. Positioniere den Körper leicht schräg mit dem Schwanz nach oben.

214 VOGEL AM FUTTERSPENDER

Male einen Futterspender. Drucke einen Vogel mit nach oben gerichteten Flügeln dazu.

215 VOGELHAUS

Schneide ein Vogelhaus und einen Ständer aus dickem Papier aus. Tupfe mit dem Schwamm gelbe, braune und schwarze Farbe darauf.

PAPIERRÖLLCHEN

216 DAS PAPIER EINROLLEN

1. Schneide ein Rechteck aus dickem Papier aus, etwa in der Größe einer Postkarte. Lege einen Bleistift an einen Rand und rolle das Papier um ihn herum ein.

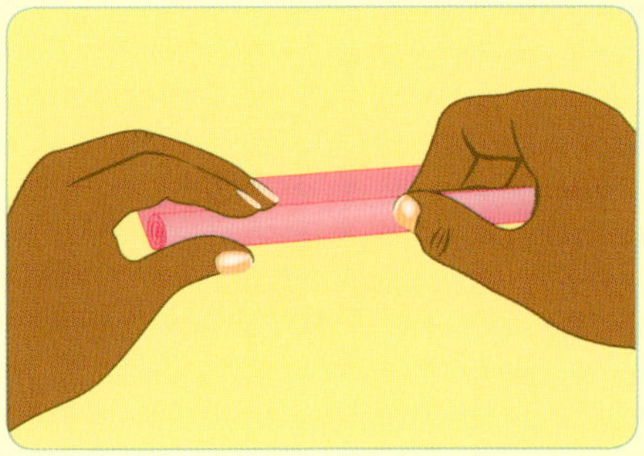

2. Ziehe den Bleistift aus dem Papier heraus. Rolle das Papier auf einer flachen Oberfläche so eng wie möglich zwischen deinen Fingern.

3. Schneide das gerollte Papier in ähnlich breite Stücke. Sie werden dabei von der Schere etwas zerdrückt – forme sie vorsichtig wieder kreisrund.

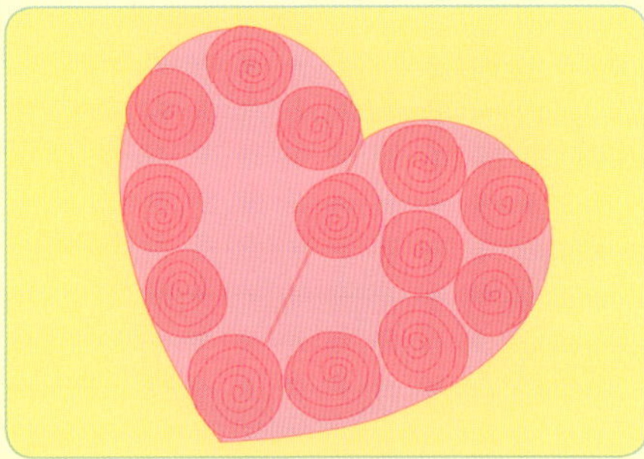

4. Schneide ein Herz aus Papier aus. Tauche die Unterseite der kleinen Kringel in Klebstoff und drücke sie auf die Form.

217 BLÄTTER

Bastle Blätter. Falte dazu ein kleines Stück grünes Papier viele Male und schneide es in ähnlich breite Stücke. Klebe sie zwischen die Blumen.

Verwende ein Band zum Aufhängen und binde hübsche Schleifen darum.

218

HERZFORM

Bastle ein Herz. Forme das gerollte Papier vorsichtig mit den Fingern zu einer Träne. Drücke das runde Ende hinein, sodass ein Herz entsteht.

219

GROSSE BLUME

Bastle eine Blume mit blauen Kreisen als Blütenblätter. Klebe einen Streifen grünes Papier als Stängel dazwischen und füge grüne Blätter hinzu.

220

GÄNSEBLÜMCHEN

Drücke die Enden der gerollten Kreise zu einer Spitze zusammen. Klebe eine Kugel Seidenpapier in die Mitte.

221

SCHMETTERLING

Rolle einen langen Streifen für einen Flügel. Drücke ihn auf einer Seite an zwei Stellen ein.

222

BÄUME

Bastle grüne Bäume mit einer ovalen Form und dekoriere sie mit gerollten Kreisen. Schneide einen Stamm aus Papier aus und klebe ihn ein.

PAPIERMONSTER

223 GELBES MONSTER

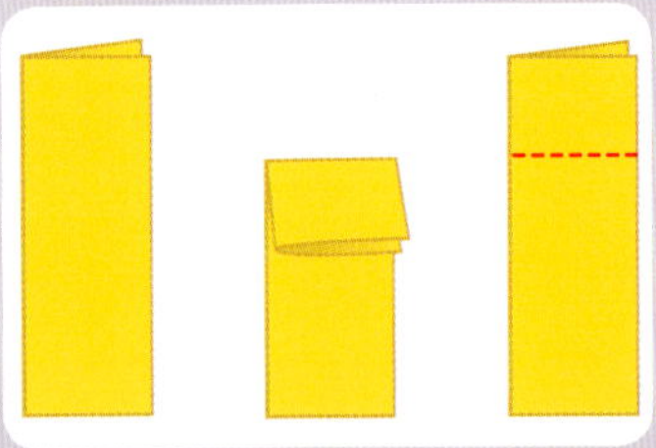

1. Falte ein Rechteck aus Papier in der Mitte, sodass die langen Seiten aufeinanderliegen. Knicke den oberen Teil nach vorne um und dann wieder zurück.

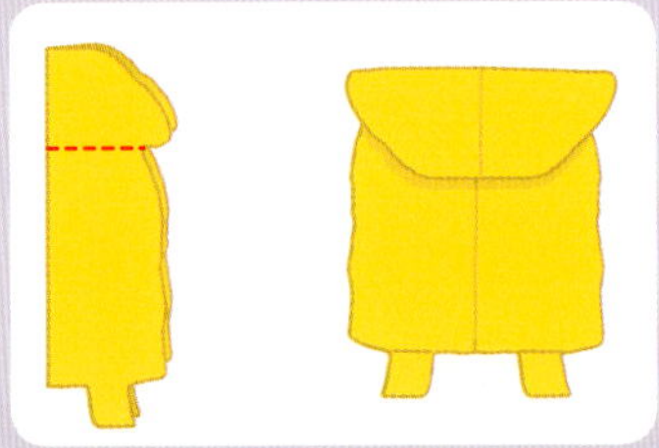

2. Reiße von der oberen Ecke eine Bogenform in das Papier. Reiße die unteren Ecken ab. Falte das Papier auseinander und knicke den Kopf nach vorne.

3. Zeichne ein Gesicht und Ohren auf den Kopf. Füge Hände, Füße und einen Bauch hinzu. Klappe die Füße nach vorne, damit das Monster stehen kann.

224 MONSTERHÖRNER

Schneide diese Form für ein Monster mit Hörnern aus.

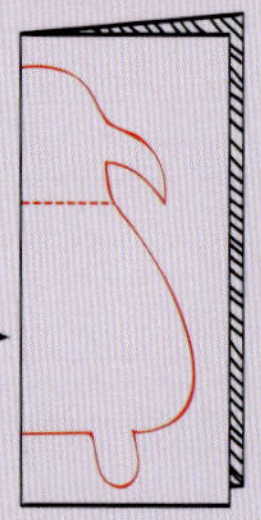

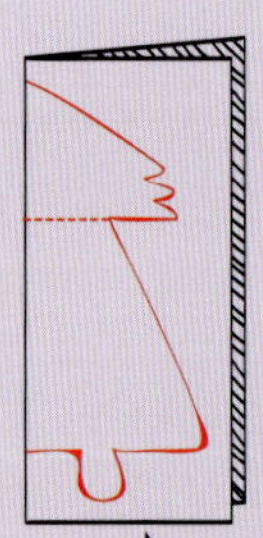

Verwende diese Form für ein Seeungeheuer wie unten.

Du könntest auch ein einäugiges Monster basteln.

225 SEEUNGEHEUER

226 ROBO-TRUCK

Bastle einen Truck, der sich auseinandergefaltet in ein Monster verwandelt.

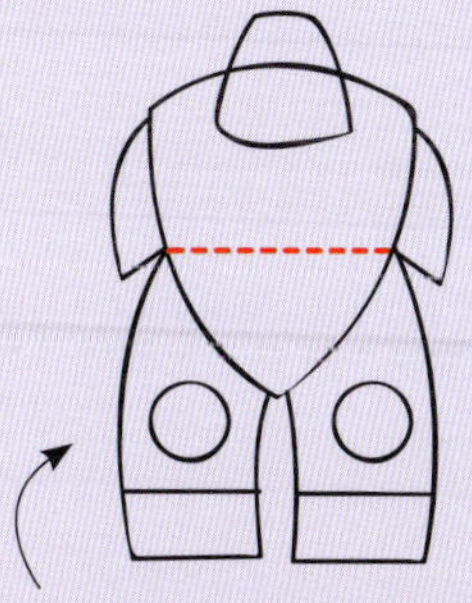

Zeichne diese Formen für einen Robo-Truck. Falte entlang der gestrichelten Linie.

227 BAGGER-MANN

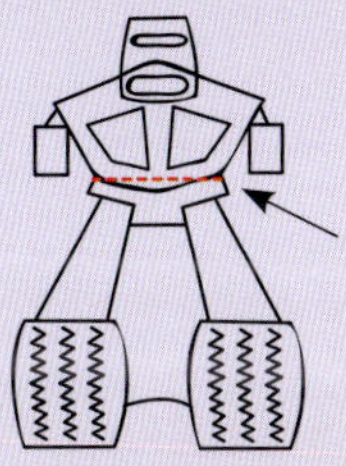

Falte entlang der gestrichelten Linie.

Bastle aus diesen Formen einen Bagger-Mann.

228 SUPERHELD

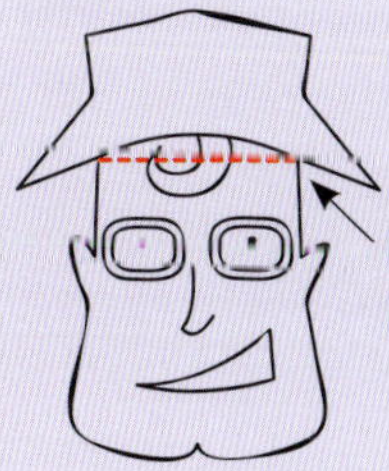

Falte hier.

Bastle einen geheimen Superhelden. Falte das Papier und zeichne eine Maske ein.

FLATTERNDE FEEN MALEN

Verwende die Ideen auf diesen Seiten und male ein Bild voller umherflatternder Feen.

229 EINFACHE FEE

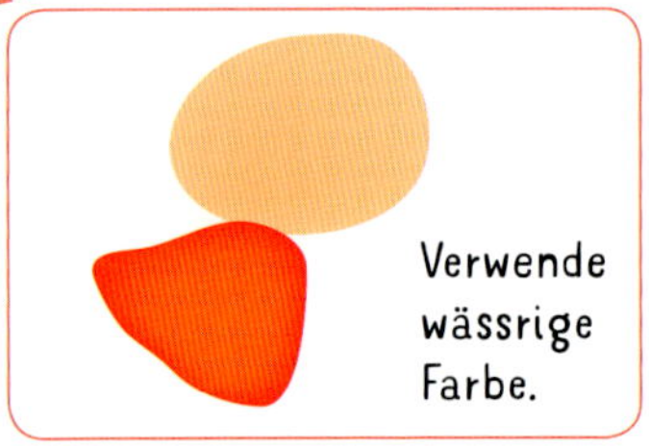

1. Male auf einem Stück Papier einen Kreis für das Gesicht. Ergänze eine einfache Form für ein Kleid.

2. Male an beiden Seiten des Kleids Flügel. Füge die Haare hinzu. Warte, bis die Farbe getrocknet ist.

3. Umrande mit einem schwarzen Filzstift das Gesicht, dann das Kleid und die Flügel.

4. Zeichne das Gesicht sowie wellige Formen für die Haare, Arme vor den Flügeln und Beine.

230 FEENSTAB

Male einen Punkt für das obere Ende des Stabs. Ist die Farbe getrocknet, zeichne einen Stern darin ein.

231 FEENPRINZESSIN

Male einer Fee eine Krone auf den Kopf und verwandle sie so in eine Feenprinzessin.

232 FLIEGENDE FEE

Damit eine Fee aussieht, als würde sie fliegen, male ihr Flügel auf den Rücken. Zeichne ausgestreckte Arme und Beine.

233 FEEN-BLUMEN

Male ein Bild mit einigen großen Blumen neben eine Fee.

234 LACHENDE FEEN

Male Feen mit großen, offenen Mündern.

235 FRISUREN

Nutze die Ideen auf dieser Seite und male Feen mit unterschiedlichen Frisuren.

236 VERSTECKSPIEL

Zeichne eine Fee, die hinter einer Blume hervorschaut. Male zuerst die Blume und dann die Fee.

DRACHEN ALS LESEZEICHEN

238 DREIECKIGER DRACHEN

Klebe zwei Papierdreiecke an die Seiten einer Rautenform – so entsteht ein dreieckiger Drachen.

239 SCHMETTERLING

Schneide Flügel aus gemustertem Papier aus. Füge einen Körper hinzu und zeichne Kreise für die Formen auf dem Schwanz.

237 EINFACHER DRACHEN

1. Klebe vier Quadrate aus Papier auf ein größeres Stück Papier. Zeichne in der Mitte einen Drachen.

2. Schneide den Drachen aus. Befestige hinten ein Stück Faden mit Klebeband.

3. Bastle den Schwanz. Falte einen der Papierreste aus Schritt 2 in der Mitte und zeichne Dreiecke darauf. Schneide sie aus.

Löse den Schwanz von der Folie, wenn der Kleber trocken ist.

4. Lege den Drachen auf ein Stück Plastikfolie. Tupfe Klebstoffkleckse auf den Schwanz und drücke die Formen darauf.

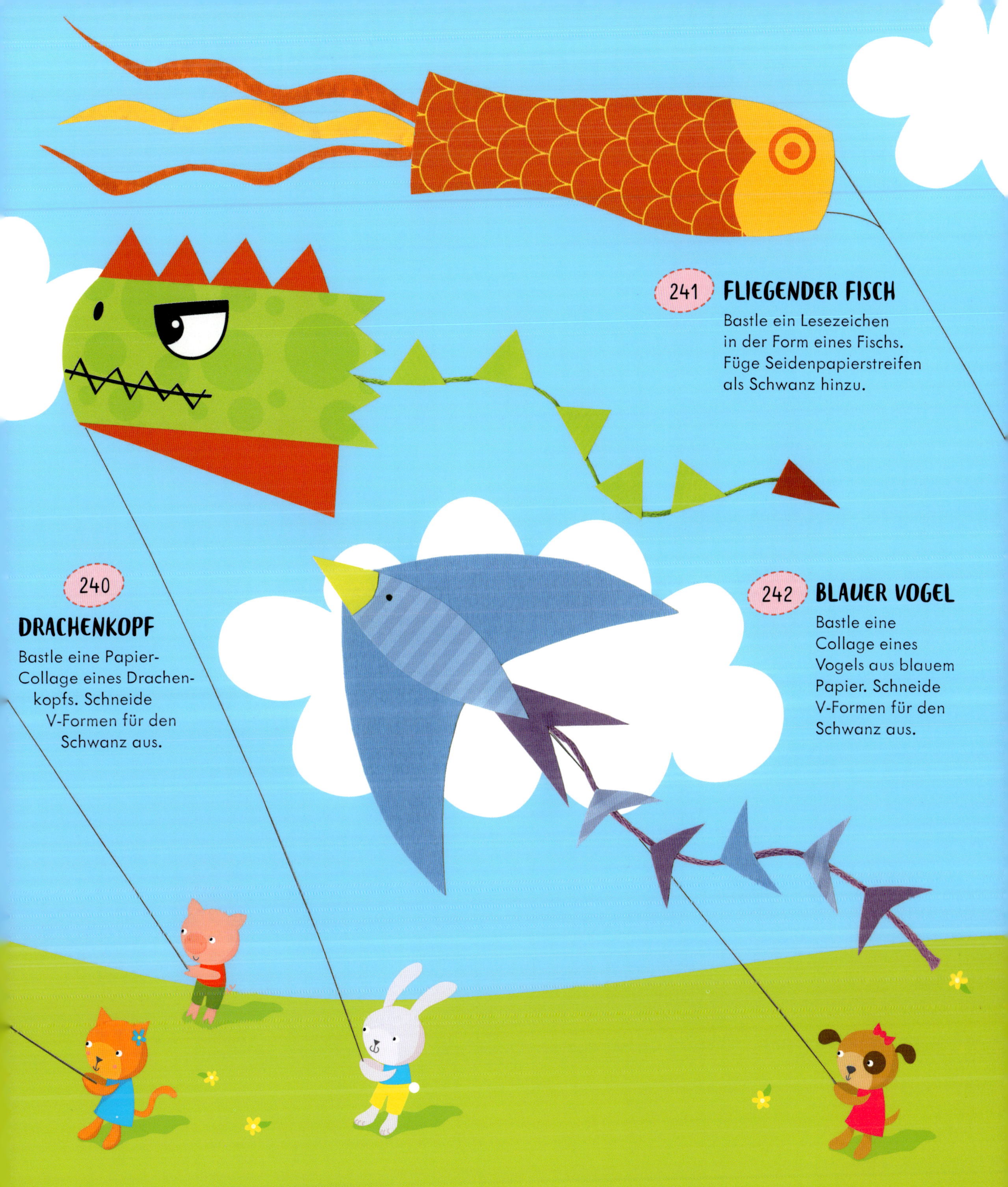

240 DRACHENKOPF

Bastle eine Papier-Collage eines Drachenkopfs. Schneide V-Formen für den Schwanz aus.

241 FLIEGENDER FISCH

Bastle ein Lesezeichen in der Form eines Fischs. Füge Seidenpapierstreifen als Schwanz hinzu.

242 BLAUER VOGEL

Bastle eine Collage eines Vogels aus blauem Papier. Schneide V-Formen für den Schwanz aus.

MIT KARTOFFELN DRUCKEN

Entwirf einen Park mit Kartoffelabdrücken. Auf diesen Seiten findest du dazu einige Ideen.

243 EINEN BAUM DRUCKEN

1. Bestreiche ein Blatt weißes Papier mit dünner gelber Farbe. Wenn die Farbe getrocknet ist, male eine Rasenfläche darauf und lass sie trocknen.

2. Schneide eine große Kartoffel in zwei Hälften. Verteile etwas grüne Farbe auf einem Schwammtuch. Drücke die halbierte Kartoffel in die Farbe und dann auf dein Bild.

3. Schneide ein Rechteck aus Pappe aus. Tauche ein Ende in etwas Farbe und drucke damit einen Stamm für den Baum. Drucke Äste mit dem kurzen Rand des Rechtecks.

244 VOGEL

Setze Fingerabdrücke zu einem Körper und einem Kopf zusammen. Verwende Pappe, um Flügel, Beine, Schwanz und Schnabel zu drucken.

245 NEST

Drucke ein Nest mit dem Viertel einer kleinen Kartoffel.

Drucke mit deinem Finger Vogelküken.

246 BUSCH

Verwende das Viertel einer Kartoffel, um einen Busch zu drucken. Füge mit Fingerabdrücken Kreise hinzu.

Drucke die Äste auf dem Busch mit Pappe.

247 DICKER BAUMSTAMM

Ziehe ein Stück Pappe durch etwas Farbe. Kratze damit über das Papier, um einen dicken Stamm zu malen.

248 GEPUNKTETE BLUMEN

Verwende den Radiergummi auf einem Bleistift, um Kreise zu drucken. Drucke mit der Ecke eines Pappstreifens rundherum Punkte.

249 OBSTBÄUME

Male Äpfel, Orangen und Zitronen auf gedruckte Bäume.

LIBELLEN UND KÄFER

250 LIBELLE

1. Verwende die Ideen auf Seite 52 und 110, um Papierstücke zu dekorieren. Zeichne dann einen Körper, einen Kopf und Augen auf verschiedene Stücke, schneide sie aus und klebe sie zusammen.

2. Schneide ein kleines Rechteck aus und klebe es an das Schwanzende. Schneide drei Papierstreifen aus und klebe sie auf den Körper. Füge eine weitere Form hinzu, die sich mit dem Rechteck überschneidet.

3. Falte zwei Stücke Papier in der Mitte. Zeichne auf jedes einen Flügel – einen größeren und einen kleineren. Schneide sie aus und klebe sie auf. Füge Fühler und einen Streifen auf den Flügeln hinzu.

251 LIBELLEN AM HIMMEL

Entwirf ein Bild mit Kreidewolken um die Libellen herum. Verreibe die Kreide mit dem Finger, sodass die Wolken flauschig aussehen.

254 BUNTER NACHTFALTER

Zeichne den Körper und die Flügel eines Nachtfalters mit einem Füller. Füge lange Fühler, Linien auf dem Körper und Kreise auf den Flügeln hinzu. Male die Form mit Buntstiften aus.

252 KÄFER AUS KREIDE

1. Zeichne mit einem Füller oder einem Filzstift eine ovale Form für den Körper des Käfers. Setze einen Kopf und Fühler hinzu. Zeichne sechs kurze Beine an die Seiten.

2. Zeichne Linien und Punkte auf dem Körper ein. Male ihn dann mit Kreide oder Pastellkreide aus. Verwische die Kreide mit einer Fingerspitze und male die Punkte mit einem Goldstift aus.

253 TINTENSPRITZER-BILD

Zeichne einige Käfer. Lege dein Bild auf altes Zeitungspapier und tauche einen Pinsel in Tinte. „Wirf“ die Pinselspitze über das Papier, um die Tinte zu verspritzen.

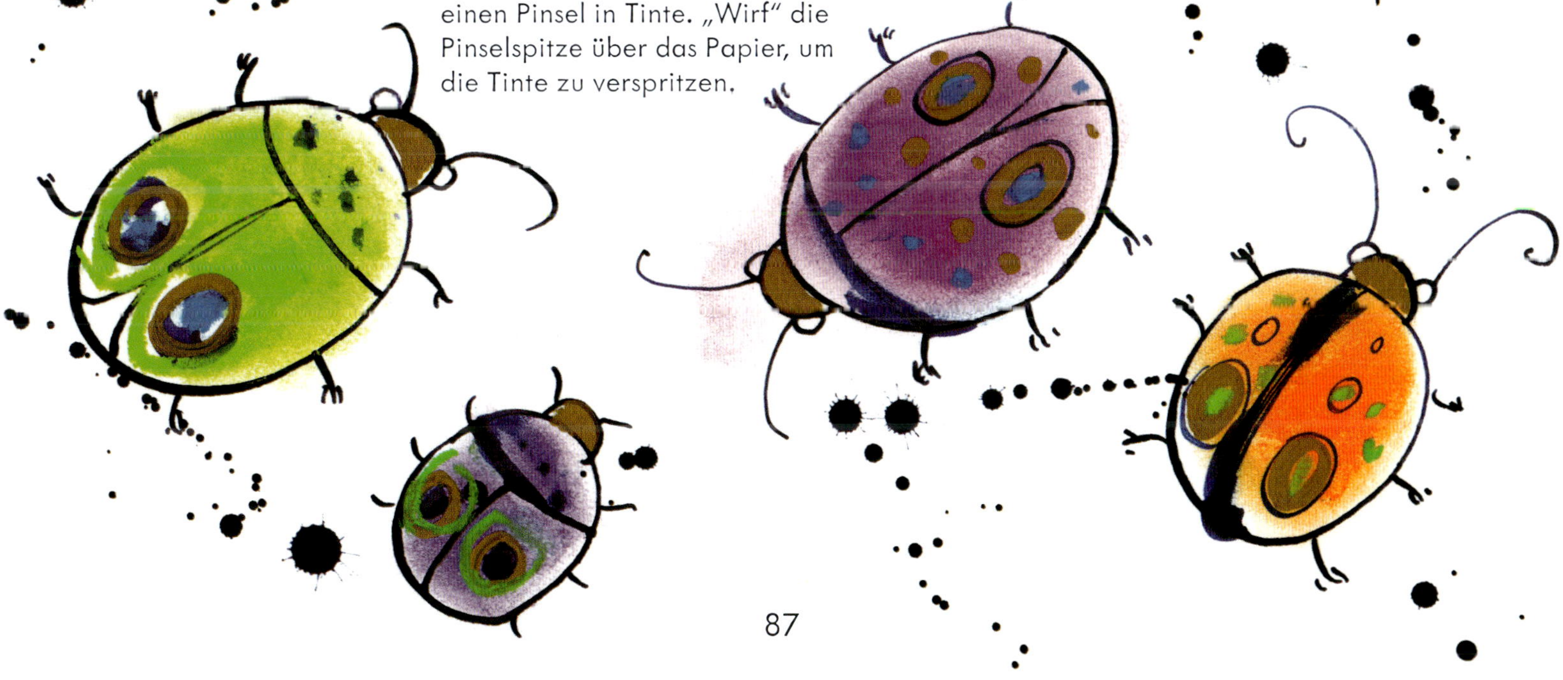

256

RUNDE MUSTER

Schneide kleine Kurven in die Seiten einer gefalteten Schneeflocke (wie unten). Schneide auch die Spitze des gefalteten Papiers ab.

257

SCHNEEFLOCKENKETTE

Bastle mehrere Schneeflocken und klebe sie an ein Band.

PAPIERSCHNEEFLOCKEN

255

EINFACHE SCHNEEFLOCKE

1. Stelle eine Tasse auf ein Stück dünnes weißes Papier und zeichne rundherum eine Linie. Zeichne auf einem farbigen Stück Seidenpapier noch einmal um die Tasse. Schneide beide Kreise aus.

258

GLITZERNDE SCHNEEFLOCKE

Verteile Klebstoff auf einer Schneeflocke und besprenkle sie mit Glitter.

2. Falte den weißen Kreis in der Mitte und noch einmal in der Mitte. Schneide aus dem gefalteten Rand viele verschieden große Dreiecke heraus.

3. Falte das Papier auseinander. Sei vorsichtig, damit es nicht einreißt. Verteile kleine Klebstoffkleckse auf einer Seite. Drücke die Seite auf den Seidenpapierkreis.

259 SCHNEEFLOCKENFEE

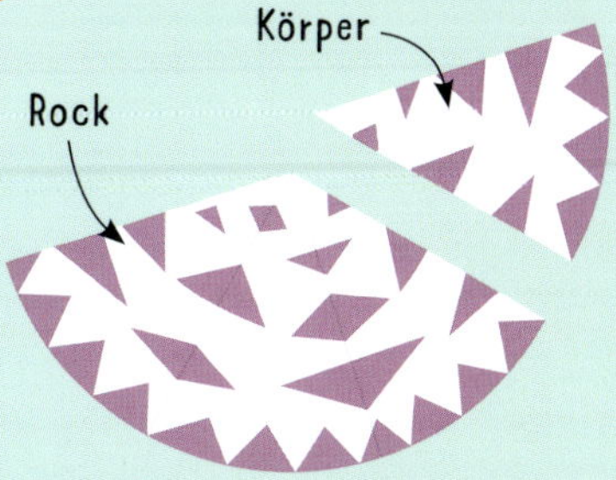

1. Folge den Schritten auf der linken Seite und bastle eine Papierschneeflocke. Schneide sie in zwei Hälften. Schneide eine Hälfte in zwei Stücke – für den Rock und den Körper.

2. Klebe das spitze untere Ende des Oberteils auf den Rock. Falte ein Stück weißes Papier in der Mitte und zeichne Flügel an der Faltkante ein. Schneide sie aus.

3. Zeichne Kopf, Haare, Arme, Beine, Schuhe und eine Krone auf Papier. Schneide die Formen aus und klebe sie an Körper und Rock. Befestige die Flügel am Rücken und zeichne der Fee ein Gesicht.

260 TANZENDE FEE

Klebe die Arme und Beine in verschiedene Richtungen – so sieht es aus, als würde die Fee tanzen.

Du könntest das Kostüm der Fee mit Glitter dekorieren.

261 SCHNEEFLOCKEN-PRINZESSIN

Klebe eine ausgeschnittene Papierschneeflocke auf einen Kreis aus glänzendem Papier. Schneide ein Kleid für eine Prinzessin daraus aus.

SCHACHTELN DEKORIEREN

262 EINE SCHACHTEL UMHÜLLEN

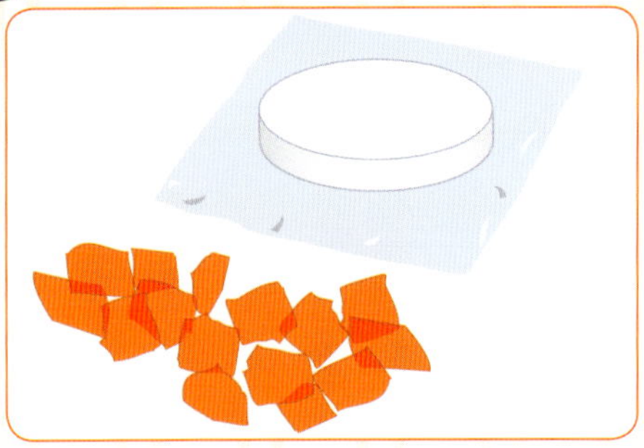

1. Lege den Deckel einer kleinen Schachtel auf ein Stück Plastikfolie (so klebt er später nicht an der Oberfläche fest). Reiße etwas Seidenpapier in viele kleine Stücke.

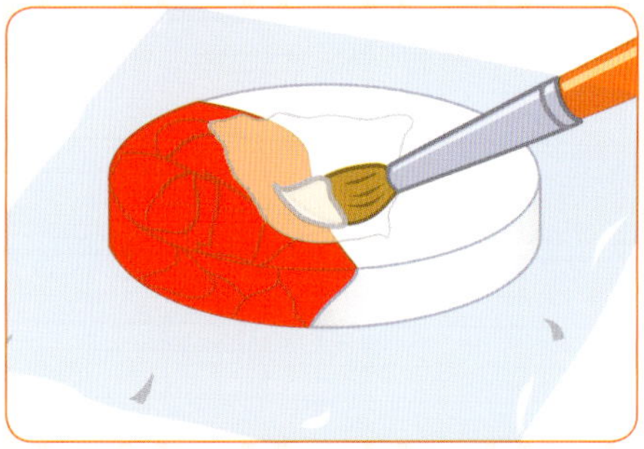

2. Bestreiche den Deckel mit Bastelkleber und klebe die Seidenpapierfetzen darauf. Bestreiche den Rand des Deckels und klebe die Fetzen darauf.

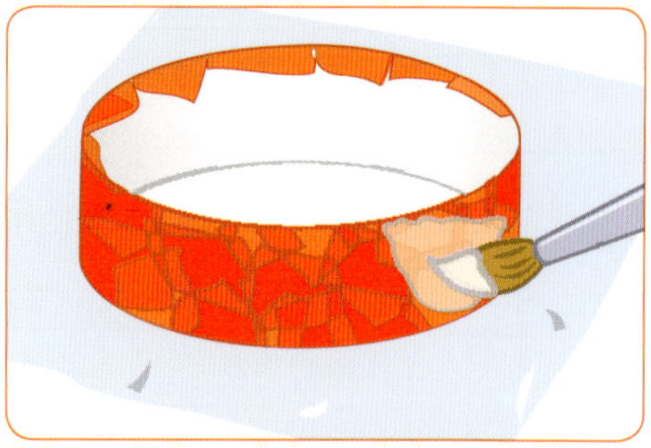

3. Stelle auch die Schachtel auf ein Stück Plastikfolie und umhülle sie mit Seidenpapier, wie in Schritt 2. Lass die Schachtel und den Deckel trocknen.

263 GEPUNKTETE SCHACHTEL

Schneide mit einem Locher viele kleine Kreise aus Papier aus und dekoriere damit die Schachtel.

264 VIELE BLÄTTER

Schneide Blätter aus Seidenpapier aus und verwende verschiedene Muster, um eine Schachtel zu verzieren.

265 GEMUSTERTE SCHACHTEL

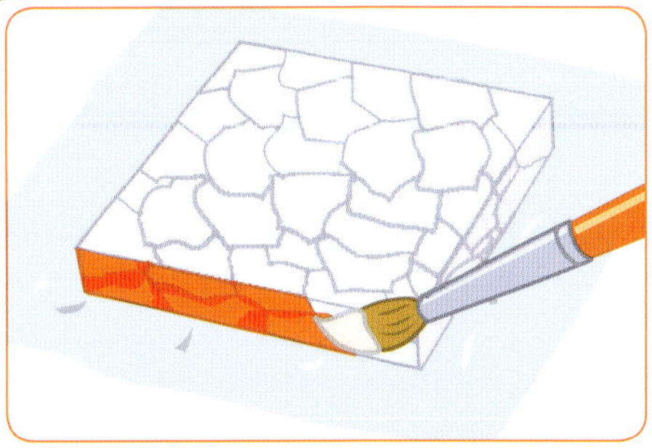

1. Bastle eine gemusterte Schachtel wie die rot-weiße unten. Umhülle dazu eine Schachtel und den Deckel mit weißem Seidenpapier. Klebe rotes Seidenpapier auf den Rand des Deckels.

2. Lege den Deckel eines kleinen Einmachglases auf rotes Seidenpapier und zeichne den Umriss. Schneide den Kreis aus. Falte das Papier und schneide Formen heraus, wie in Schritt 2 auf Seite 88.

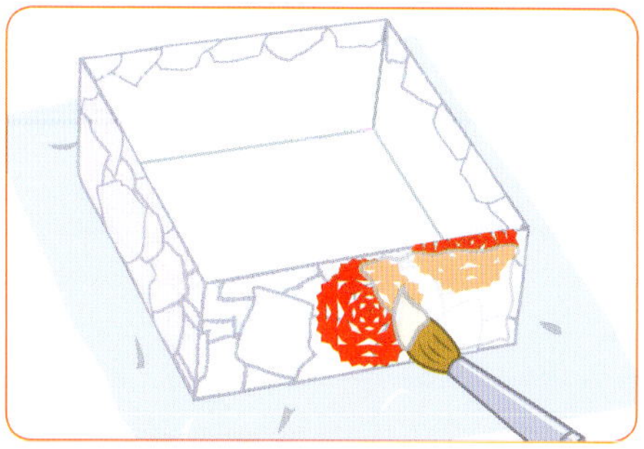

3. Bastle viele weitere Schneeflocken für die Schachtel. Bestreiche sie mit Klebstoff und klebe die Formen darauf. Dekoriere auch die Oberseite des Deckels damit.

Bastle eine Perle für den Deckel. Sieh dir dazu Schritt 3 auf Seite 16 an.

BLUMEN MALEN

266 NARZISSE

1. Zeichne die Mitte der Blume. Drücke dazu fest mit einem weißen Wachsmalstift oder weißer Ölkreide auf.

2. Mische eine wässrige gelbe Farbe. Male die Blütenblätter über die Mitte (die Farbe des Wachsmalstifts bleibt sichtbar).

3. Sind die Blütenblätter getrocknet, male das obere Ende des Stängels mit wässriger grüner Farbe.

4. Male mit einem dünnen Pinsel einen langen Stängel und dann ein langes spitzes Blatt, wie oben abgebildet.

Male eine Biene neben die Blume. Zeichne schwarze Streifen und verwende wässrige Farbe für Körper und Flügel.

267 TULPE

1. Zeichne die Blütenblätter mit einem weißen Wachsmalstift oder weißer Ölkreide. Füge auf einigen Blütenblättern Linien hinzu.

2. Überstreiche die Linien des Wachsmalstifts mit wässriger roter Farbe. Ist die Farbe getrocknet, male einen grünen Stängel.

268 VIOLETTE BLUME

1. Zeichne mit einem weißen Wachsmalstift oder weißer Ölkreide eine einfache Blumenform mit vier Blütenblättern.

2. Zeichne Linien auf die Blütenblätter. Verwende einen gelben Wachsmalstift für die Mitte.

3. Male mit wässriger violetter Farbe über die Blütenblätter und die Mitte der Blume. Lass die Farbe trocknen. Füge dann einen Stängel hinzu.

269 BLUMENSTRAUSS

Zeichne viele Blumen nah beieinander. Male die Blütenblätter. Warte, bis die Farbe trocken ist, und füge dann die Stängel hinzu.

270 Bastle ein Türschild, zeichne eine schlafende Person darauf und schreibe einen Spruch auf den Haken.

271 **TÜRSCHILD MIT RAUMSCHIFF**

Bastle ein Türschild aus schwarzem Papier. Auf den Seiten 66 und 67 findest du einige Ideen, wie du es dekorieren kannst.

TÜRSCHILDER BASTELN

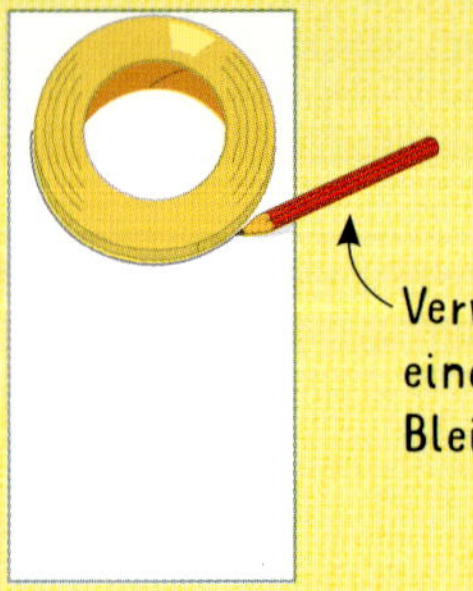

1. Um den Haken am Türschild herzustellen, lege eine Rolle Klebeband nah an das obere Ende eines langen Rechtecks aus dickem Papier oder dünner Pappe. Zeichne um das Klebeband herum.

272 **MONSTERMUND**

Bastle ein Monster-Türschild mit offenem Mund.

273 **HÄNGE-MONSTER**

Bastle ein Monster aus rotem Papier. Male ein Gesicht und Streifen auf die Form.

274 **ZISCHENDE SCHLANGE**

Schneide eine Schlange aus Papier aus und klebe sie auf ein Türschild.

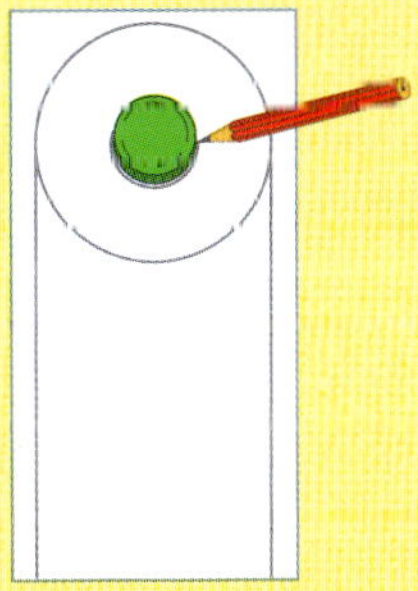

2. Zeichne zwei Linien vom Rand des Kreises bis zum unteren Ende des Papiers. Lege einen kleinen Deckel in die Mitte des Kreises und zeichne um ihn herum.

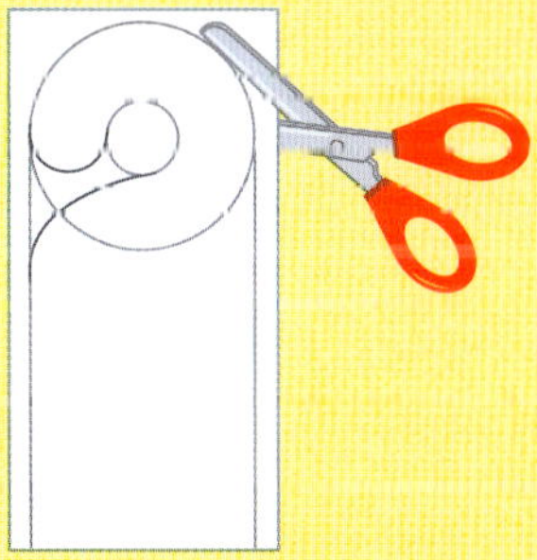

3. Zeichne zwei Linien in den großen Kreis. Schneide das Türschild aus und radiere die Markierungen weg. Verwende die Ideen auf diesen Seiten für die Verzierung.

Verwende diese Formen, um die Türschilder auf dieser Seite zu basteln. Zeichne die roten Muster ein, bevor du die Form ausschneidest.

Monstermund | Hängemonster | Zischende Schlange

GLITZERDEKORATIONEN

276 GLITZER-GESCHENK

Klebe ein Geschenkband auf eine Buchschutzfolie und füge Pailletten und Glitter hinzu.

277 WEIHNACHTSMANN-GESCHENKANHÄNGER

Zeichne einen Weihnachtsmann und klebe ein Glitzergeschenk darauf.

275 EINE GLITZERNDE FORM BASTELN

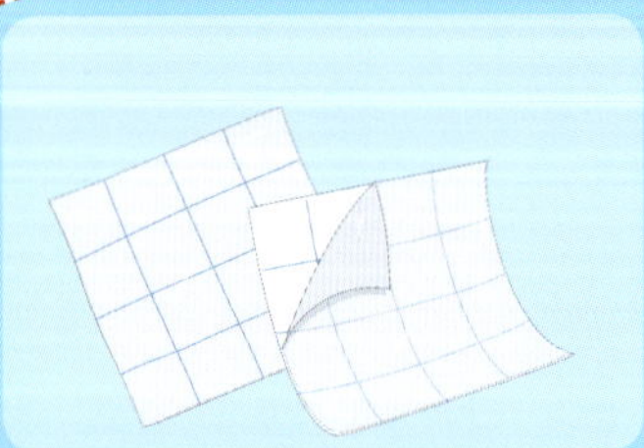

1. Schneide zwei gleich große Quadrate aus einer selbstklebenden Buchschutzfolie aus. Ziehe das Papier hinten von einer der Folien ab.

2. Lege die Folie mit der klebenden Seite nach oben auf einen Tisch. Klebe flache Pailletten auf die Folie und besprenkle sie mit Glitter.

3. Ziehe das Papier hinten von der anderen Folie ab und klebe sie auf die dekorierte Folie.

278 **ENGEL**

Schneide für die Flügel eine Halbmondform aus der Buchschutzfolie aus.

279 **WEIHNACHTSBAUM**

Klebe Bänder zur Verzierung auf die Buchschutzfolie.

280 **GLITZERGIRLANDE**

Bastle verschiedene Glitzerdekorationen und hänge sie an einem langen glänzenden Faden auf.

ROBOTER-COLLAGE

Bastle eine Roboter-Collage. Klebe kleine Teile wie Schrauben und Büroklammern auf Fotos, die du aus alten Zeitschriften ausgeschnitten hast.

281 KNÖPFE UND SCHRAUBENMUTTERN

Bastle einen Roboter aus alten Gegenständen, die du in einem Werkzeug- oder Nähkasten findest.

283 FOTOGRAFIEN

Suche in alten Zeitschriften nach Fotos von Gegenständen aus glänzendem Metall. Verwende sie für die Hauptteile des Körpers.

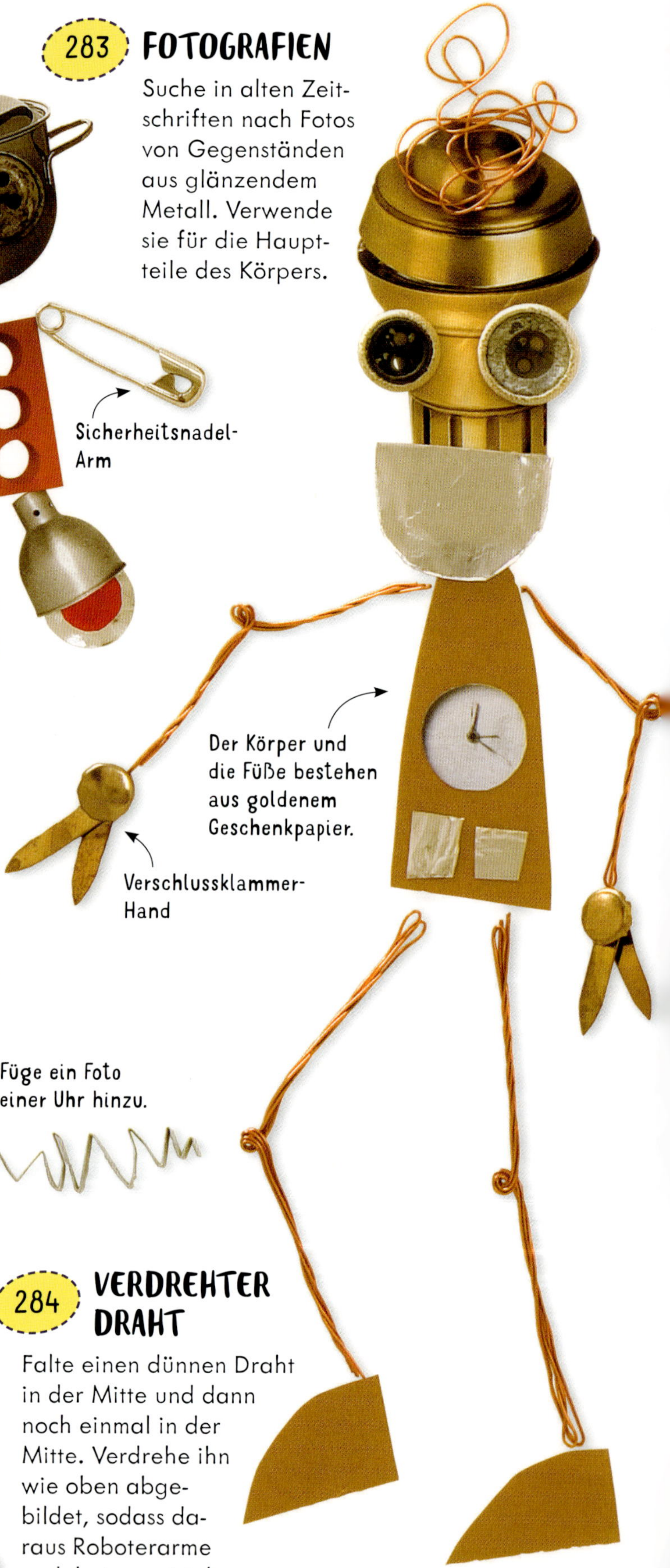

282 GEFALTETES PAPIER

Falte einen Streifen Papier in die eine Richtung, dann in die andere, sodass eine Zickzackform entsteht. Schneide dünne Streifen für die Arme oder den Körper eines Roboters aus.

284 VERDREHTER DRAHT

Falte einen dünnen Draht in der Mitte und dann noch einmal in der Mitte. Verdrehe ihn wie oben abgebildet, sodass daraus Roboterarme und -beine entstehen.

Fotos von Küchenutensilien sind gut als Arme geeignet.

Dieser Roboter hat einen Bauch aus alten Sicherungen.

285 ALUMINIUMFOLIE

Bastle verschiedene Roboterteile aus Aluminiumfolie.

1. Lege ein Stück Aluminiumfolie auf eine Zeitschrift. Zeichne darauf mit einem Kugelschreiber zwei Beine und Kreise für die Füße.

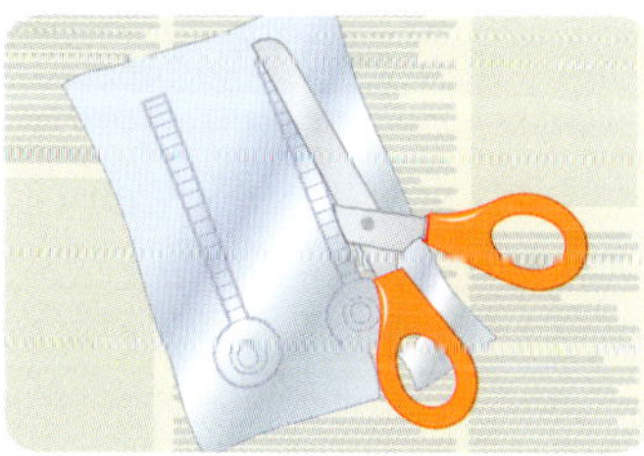

2. Zeichne Streifen auf die Beine und Kreise auf die Füße (drücke dabei fest auf). Schneide die Formen aus und klebe sie an den Roboter.

286 ROBOTERHUND

Bastle einen Roboterhund aus kleinen Teilen.

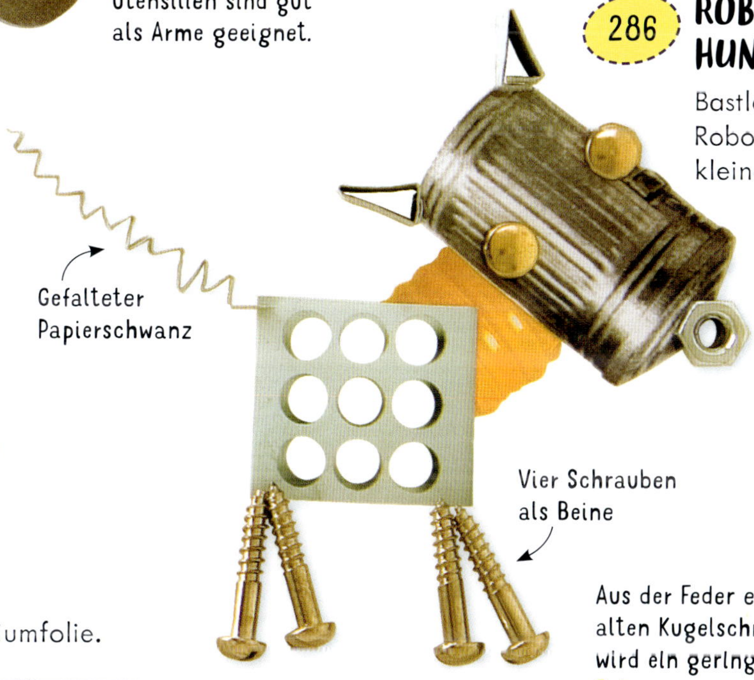

Gefalteter Papierschwanz

Vier Schrauben als Beine

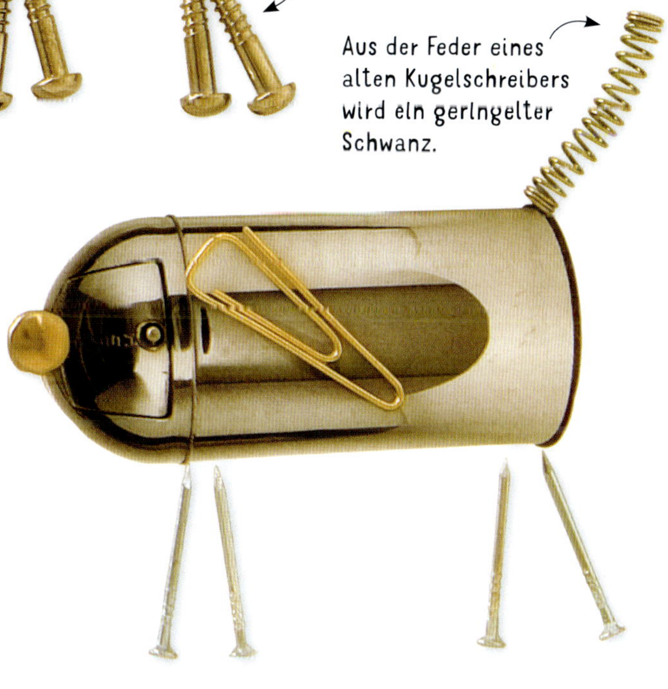

Aus der Feder eines alten Kugelschreibers wird ein geringelter Schwanz.

SCHLANGEN BEDRUCKEN

287 EINFACHE SCHLANGE

1. Zeichne mit deinem Bleistift den Umriss einer Schlange auf ein Stück dickes Papier. Verteile etwas dicke Farbe auf einem Schwammtuch.

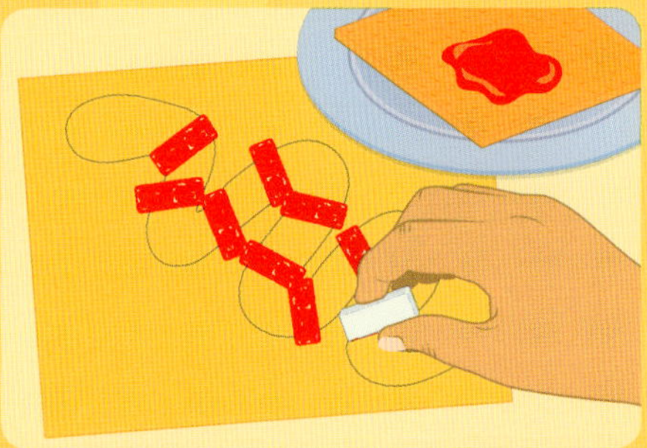

2. Tauche die Seite eines Radiergummis in die Farbe und drücke ihn auf den Schlangenkörper, um einen Streifen zu drucken. Tauche den Radiergummi wieder in die Farbe und drucke weitere Streifen.

3. Verwende einen dünneren Radiergummi und wiederhole den Vorgang in Schritt 2. Sobald die Farbe getrocknet ist, kannst du die Schlange ausschneiden. Zeichne mit einem Filzstift Nasenlöcher und Augen ein.

Diese gelbe Schlange wurde mit einem kleinen Radiergummi bedruckt und mit Punkten dekoriert.

288 GEPUNKTETE SCHLANGE

Verwende den Radiergummi am Ende eines Bleistifts, um Punkte auf eine Schlange zu drucken.

Schneide eine Zunge aus Papier aus und befestige sie auf der Rückseite der Schlange.

289 ZUSAMMENGEROLLTE SCHLANGE

Zeichne einen spiralförmigen Körper. Der Körper soll etwa dieselbe Breite wie der Radiergummi haben, mit dem du die Schlange bedruckst.

Die Augen des Geckos wurden gemalt und die Pupillen mit einem Filzstift eingezeichnet.

290 GECKO

Bastle einen Gecko aus bemaltem Papier. Ergänze Muster mit dem Radiergummi, wenn die Farbe trocken ist.

FISCH-COLLAGE AUS ZEITUNGSPAPIER

291 EINE COLLAGE BASTELN

1. Nimm für den Hintergrund ein dünnes blaues Papier (zum Beispiel Geschenkpapier). Zeichne oben eine Wellenlinie ein.

2. Zerknülle das Papier zu einer Kugel. Streiche es wieder glatt und klebe es auf ein anderes Stück blaues Papier.

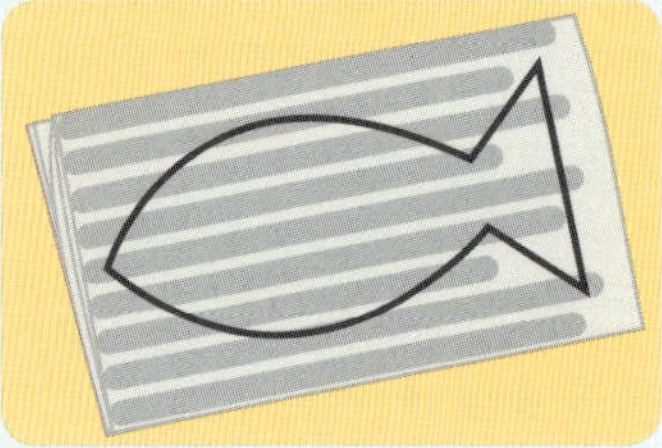

3. Um mehrere Fische zu basteln, schneide einen Streifen aus altem Zeitungspapier aus. Falte ihn mehrmals in der Mitte und zeichne einen Fisch.

4. Schneide den Fisch durch alle Schichten des Zeitungspapiers aus. Klebe die Formen auf den Hintergrund, sodass alle in eine Richtung zeigen.

292 TINTENFISCH

Zeichne einen einfachen Tintenfisch mit nur vier Armen – acht sind nicht so leicht auszuschneiden.

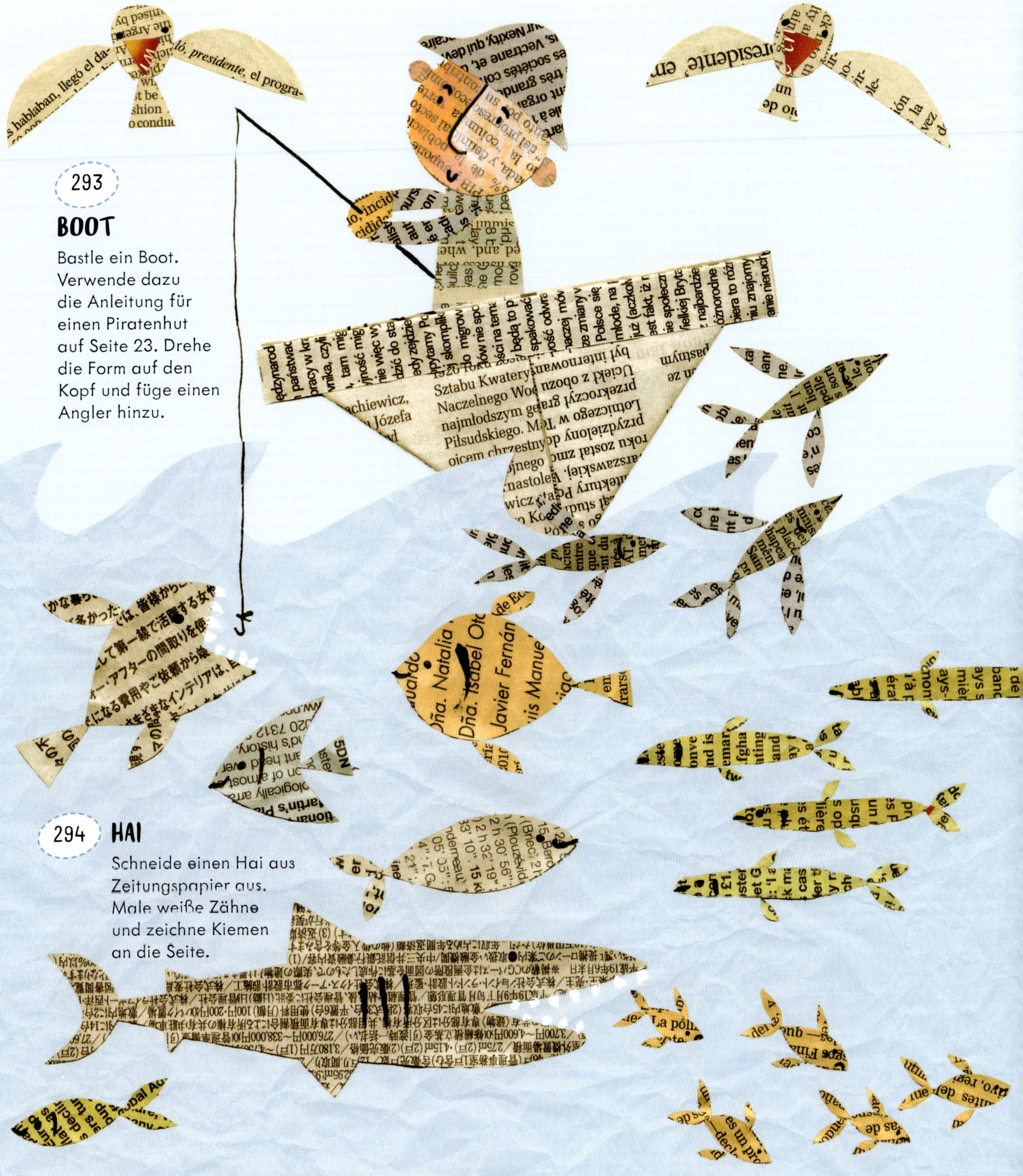

293

BOOT

Bastle ein Boot. Verwende dazu die Anleitung für einen Piratenhut auf Seite 23. Drehe die Form auf den Kopf und füge einen Angler hinzu.

294

HAI

Schneide einen Hai aus Zeitungspapier aus. Male weiße Zähne und zeichne Kiemen an die Seite.

VALENTINSKARTEN

295 GLITTERKARTE

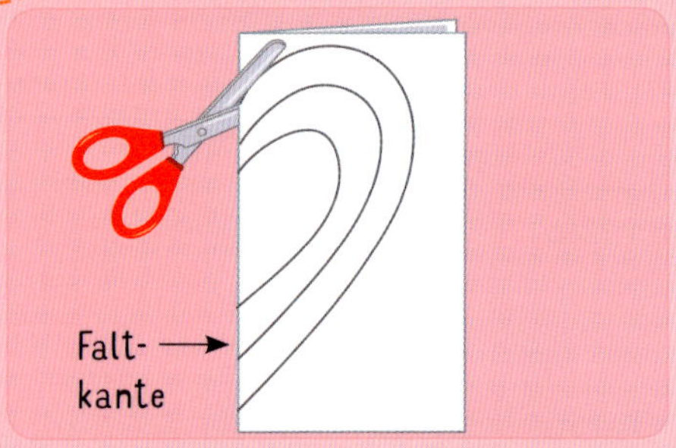

1. Falte ein Stück dickes Papier in der Mitte. Zeichne von der Faltkante aus ein halbes Herz. Zeichne darin zwei weitere halbe Herzen. Schneide alle Formen aus.

2. Lege die Herzen auf altes Zeitungspapier und bestreiche sie mit Klebstoff. Besprenkle sie mit Glitter und lass sie trocknen. Klebe sie dann auf eine Karte.

Klebe das kleine Herz in die Mitte des großen Herzens.

296 PAPIERSCHNIPSEL-HERZEN

1. Reiße viele rote und rosafarbene Muster aus alten Zeitschriftenfotos. Beklebe damit ein Stück dickes Papier, sodass sich die Ränder der Schnipsel überlappen.

2. Drehe das Papier um und zeichne drei Herzen darauf. Schneide sie aus und klebe jedes auf rosafarbenes oder rotes Papier. Zeichne ein größeres Herz um den Rand.

3. Klebe drei Rechtecke aus gemustertem Papier auf eine gefaltete Karte. Schneide die Herzen aus und bestreiche sie mit Klebstoff. Klebe ein Herz auf jedes Rechteck.

297 GESTREIFTES HERZ

1. Male unterschiedlich breite Streifen auf ein dickes Stück Papier. Ist die Farbe getrocknet, zeichne mit einem roten Stift Herzen ein. Füge Linien hinzu und umrande die Herzen mit einem schwarzen Stift.

Zeichne viele Herzen.

2. Zeichne ein großes Herz und zwei kleinere Herzen mit einem Bleistift auf das gestreifte Papier. Schneide sie aus. Falte ein Rechteck aus Papier in der Mitte und klebe die Herzen auf die Vorderseite.

298

GESCHENK-ANHÄNGER

Bastle Anhänger mit Glitzerherzen.

Du könntest ein großes Herz in die Mitte der Karte kleben.

GEBÄUDE EINER STADT

Zeichne die Gebäude auf diesen Seiten ab oder verwende sie als Ideen und entwirf deine eigene Stadt. Für die Fenster werden verschiedene Techniken verwendet.

299

1. Zeichne als erstes Rechtecke für die Gebäude im unteren Bereich des Papiers. Gestalte sie unterschiedlich groß.

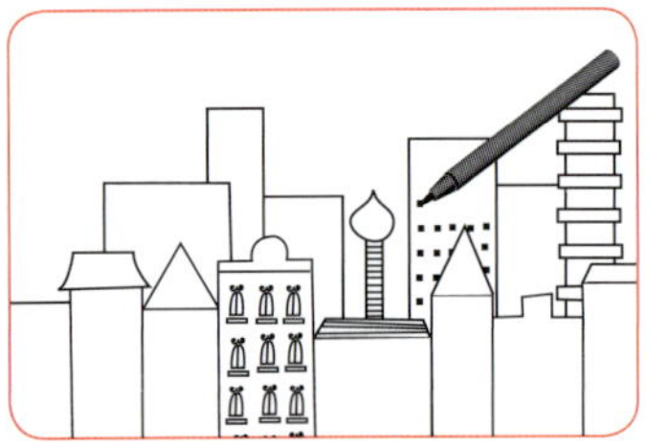

2. Zeichne eine weitere Reihe Gebäude hinter die andere. Setze Details wie Fliesen, Fenster und Ziegelsteine hinzu.

301

KUPPELDACH

Zeichne ein gebogenes Dach und füge nach unten verlaufende Linien hinzu. Zeichne einen Turm darüber.

302

UHRENTURM

Zeichne einen hohen, schmalen Turm mit einer großen Uhr.

303

GEDRUCKTE FENSTER

Drucke die Fenster mit dem Ende eines Radiergummis (wie auf Seite 100).

300

BRÜCKE

Zeichne zwei Bögen und darüber eine Linie. Male viele Ziegelsteine auf.

304 PAPIERFENSTER

Schneide Papierschnipsel aus alten Zeitschriften aus und klebe sie auf ein Gebäude.

305 FLUGZEUG

Zeichne ein Flugzeug, das über die Stadt fliegt. So sehen die Gebäude besonders hoch aus.

307 BALKONE

Zeichne viele Linien für die Balkongeländer ein.

306 WOLKENKRATZER

Zeichne einige Wolkenkratzer zwischen die Gebäude.

Für diese großen Fenster wurde Papier aus einer Zeitschrift ausgeschnitten.

308 VERKEHR

Zeichne Autos, Laster und Busse, die in die Stadt hinein- und aus ihr herausfahren.

GESICHTER AUS FILZ

309 KÄTZCHEN

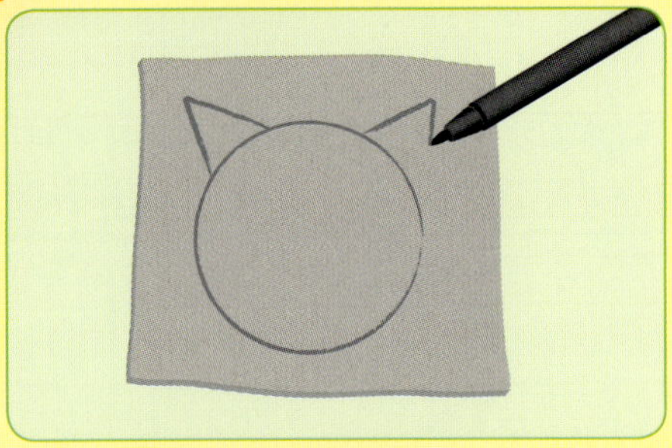

1. Lege den Deckel eines kleinen Einmachglases auf ein Stück Filz und zeichne mit einem Filzstift den Umriss. Entferne den Deckel und zeichne zwei spitze Ohren hinzu. Schneide die Form aus.

2. Drehe den Filz um und klebe eine Filznase darauf. Stich von hinten mit einer eingefädelten Nadel durch den Filz und durch ein Knopfloch. Stich dann durch das andere Knopfloch.

3. Ziehe den Faden nach hinten durch und nähe den zweiten Knopf genauso an. Nähe kleine Vorstiche (wie auf Seite 49) für den Mund und füge lange Schnurrhaare hinzu.

310 KNOPFNASE

Bastle das Gesicht eines Hundes mit einem Knopf als Nase.

Die Augen des Frosches ragen über den Filzrand hinaus.

Hase mit langen Ohren

311 GEMUSTERTE GESICHTER

Zeichne mit einem dunklen Filzstift Muster auf ein Filzgesicht, wie die Punkte und Hörner von diesem Monster.

Roboter mit quadratischem Gesicht

Panda mit schwarzen Augen

312 BASTLE EINE BROSCHE

Nähe eine Sicherheitsnadel an die Rückseite eines Filzgesichts – so entsteht eine Brosche.

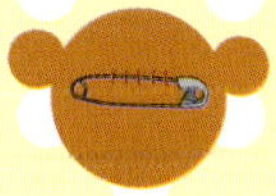

Verspielter Affe

Gruseliger Totenkopf

314 LÖWENMÄHNE

Bastle einen Löwen mit einer Mähne im Zickzackmuster.

313 GEFIEDERTE EULE

Schneide die Form einer Eule aus und füge ein Gesicht hinzu. Nähe längliche Stiche für die Federn.

315 GEBURTSTAGSKARTE

Bastle eine Karte mit einem aufgeklebten Filzgesicht auf der Vorderseite.

316 GESCHENKANHÄNGER

Bastle einen Geschenkanhänger (wie auf Seite 57) und klebe ein Filzgesicht auf die Vorderseite.

WACHSMALSTIFTE BENUTZEN

Wenn man eine Linie übermalt, die mit einem Wachsmalstift gezeichnet wurde, stößt das Wachs die Farbe ab. So scheinen die Linien durch die Farbe hindurch.

317 KROKODIL

Die Wachsmalstiftlinien sind hier gelb hervorgehoben.

1. Zeichne zwei Höcker für die Augen. Füge eine Schnauze mit Höckern für die Nasenlöcher hinzu.

2. Zeichne einen gewellten Rücken und Schwanz. Füge den Bauch und die Beine hinzu. Zeichne dann die Zähne und Augen.

3. Zeichne mit einem weißen Wachsmalstift Linien auf den Bauch und den Körper. Drücke dabei fest auf.

4. Mische wässrige grüne Farbe und male damit den Körper aus. Die Linien bleiben durch die Farbe hindurch sichtbar.

318 ECHSE

Zeichne diese Form nach. Füge Linien mit dem Wachsmalstift hinzu und male die Echse aus.

320 DINOSAURIER

Zeichne mit einem Wachsmalstift Schuppen auf Körper und Schwanz eines Dinosauriers.

319 SCHLANGE

Zeichne eine kriechende Schlange und male ihr mit einem Wachsmalstift ein Zickzackmuster. Male sie mit wässriger Farbe aus.

KATZEN ZEICHNEN

321 **EINFACHE KATZE**

Zeichne mit einem Bleistift den Kopf, die Ohren und den Körper einer Katze und male sie aus. Füge die Beine und den Schwanz hinzu. Zeichne einen Streifen in der Mitte des Kopfes und verwende einen dünnen Stift für das Gesicht und die Krallen. Ergänze weitere Streifen.

322 **GEDRUCKTE KATZE**

Folge den Schritten beim gedruckten Hund auf Seite 45, verwende hier aber einen Fingerabdruck für den Kopf. Alle diese Katzen wurden mit derselben Pappe gedruckt. Nur die Positionen sind verschieden.

323 **KATZEN-COLLAGE**

Bastle aus Papierresten eine Katzen-Collage. Schneide einen Körper aus und dann einen Kopf. Fertige Beine, Ohren und einen Schwanz an. Zeichne Augen, eine Nase und einen Mund.

324 **FILZSTIFT-KATZE**

Zeichne den Umriss einer Katze mit einem Filzstift. Füge Streifen hinzu. Tauche einen dünnen Pinsel in sauberes Wasser und streiche damit über die Form, sodass die Tinte verläuft. Ist das Bild getrocknet, zeichne ein Gesicht und Schnurrhaare ein.

327 SITZENDE KATZE

Zeichne eine Katze mit zwei Beinen vor dem Körper und einem Bein auf jeder Seite. Füge einen langen Schwanz hinzu, der sich am Ende ringelt.

325 KATZE UND MAUS

Zeichne mit Buntstiften eine Katze, die eine kleine Maus jagt.

Gelbe und schwarze Augen lassen Katzen gefährlicher aussehen.

328 SCHLAFEN

Zeichne U-Formen für die Augen einer schlafenden Katze.

329 PUTZEN

Zeichne eine Katze mit Zunge und angehobener Pfote.

326 HAARIGE KATZE

Zeichne mit dem Bleistift einen schwachen Umriss einer Katze.

Füge viele kurze Linien für das Fell hinzu.

KÖPFE AUS LÖFFELN UND GABELN

Bastle verschiedene Dinge aus alten hölzernen Kochlöffeln und Gabeln. Auf diesen Seiten findest du einige Ideen.

330 LÖFFEL-COWBOY

1. Zeichne Haare an das obere Ende des Löffels. Füge Augen, Nase und Mund hinzu. Zeichne mit einem Buntstift rosafarbene Wangen auf.

2. Schneide ein Dreieck aus Stoff aus und klebe es um den Griff. Schneide einen Hut aus Papier aus und klebe ihn auf den Kopf.

332 HUND

Nimm die Löffelrückseite für einen Hund mit Schlappohren.

333 LÖWE

Schneide viele Stücke Faden oder Garn ab und klebe sie als Löwenmähne an den Löffel.

331 PIRAT

Bastle einen Piraten aus einem alten Eisstiel. Dekoriere ihn mit einem Piratenhut und einem gestreiften T-Shirt.

Verwende Sticker für den Hut und die Kleidung eines Zauberers.

Verwende Pailletten zur Verzierung eines Kopfes.

Wenn du keine Gabel aus Holz hast, kannst du eine aus Plastik verwenden und sie mit einem wasserfesten Stift bemalen.

334 GABEL-MONSTER

Bemale eine Gabel und lass sie trocknen. Klebe Augen, Nase und Mund darauf. Klebe auch einen Faden um den Griff.

335 VERRÜCKTE FRISUREN

Schneide einige Stücke Wolle oder Garn ab und zerrupfe sie. Klebe sie auf die Rückseite eines Stiels oder Rührstäbchens. Füge ein Gesicht hinzu.

336 GROSSE OHREN

Verwandle die Zacken einer Imbissgabel in die Ohren verschiedener Tiere.

KÜSTENBEWOHNER

337 SEEMÖWE

1. Schneide für den Körper ein Stück Aluminiumfolie etwa in der Größe dieser Seite aus. Zerknülle es zu einer großen Bohnenform. Die Oberfläche soll so glatt sein wie möglich.

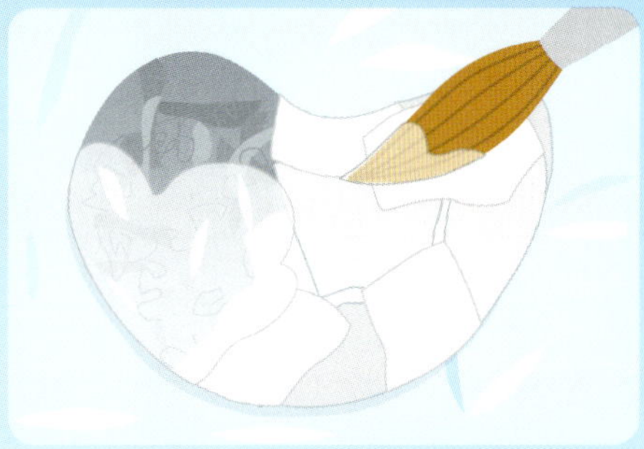

2. Lege den Körper auf eine Plastikfolie. Reiße weißes Seidenpapier in viele kleine Stücke und klebe sie mit Bastelkleber auf den ganzen Körper. Lass sie trocknen.

3. Schneide einen Flügel aus Papier aus und zeichne schwarze Federn an das spitze Ende. Klebe ihn an. Biege ein Stück Pfeifenreiniger für die Beine und schneide einen Papierschnabel aus. Klebe sie auf.

338 GLITZERMUSCHELN

Rolle Würstchen aus Aluminiumfolie und klebe sie auf eine Muschel aus Pappe. Umhülle die Form mit Seidenpapier und streue Glitzer darauf.

339 SEESTERN

Bastle einen Seestern. Zerknülle Aluminiumfolie zu einer Form mit fünf Armen. Umhülle sie mit Seidenpapier.

340 FLIEGENDE SEEMÖWE

Schneide Flügel aus und klebe sie an. Befestige hinten einen Faden zum Aufhängen.

341 KRABBE

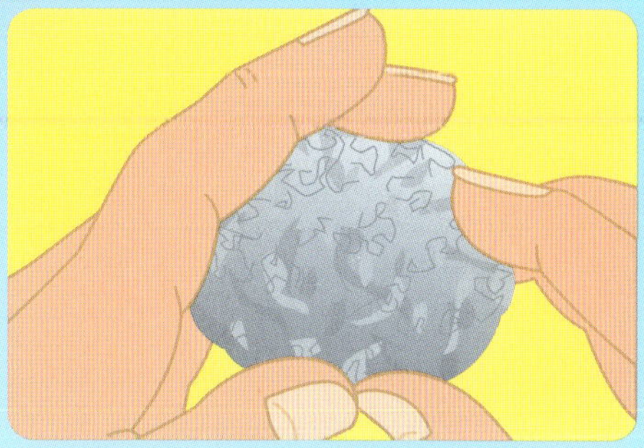

1. Schneide ein Stück Aluminiumfolie etwa in der Größe dieser Seite aus. Zerknülle es zu einer Kugel. Zerdrücke die Kugel, sodass du die Form eines flachen Steins für den Körper erhältst.

2. Lege den Körper auf eine Plastikfolie. Reiße farbiges Seidenpapier in viele kleine Stücke. Klebe sie mit Bastelkleber auf den ganzen Körper und lass sie trocknen.

3. Falte ein Stück dickes Papier in der Mitte. Zeichne vier Beine, die an einem Ende spitz zulaufen. Schneide sie aus und lass das Papier dabei gefaltet – so entstehen acht Beine.

4. Klebe die Beine an den Körper. Schneide Scheren aus und klebe auch sie an. Klebe dann für die Augen zwei Streifen Papier auf und befestige an ihrem Ende zwei Kreise. Zeichne einen Mund und Augen.

KARTEN PRÄGEN

342 MIT MÜNZEN PRÄGEN

Lege ein Stück dickes Papier auf eine kleine Münze. Reibe über den ganzen Rand der Münze, bis die geprägte Form sichtbar wird.

343 FORMEN AUS PAPPE

Schneide eine Form aus dicker Pappe aus und klebe sie auf ein größeres Stück Pappe. Folge dann der Anleitung oben.

344 WELLIGE FORMEN

Schneide eine wellige Form aus Pappe aus. Lege Papier darüber und reibe über den Rand, verschiebe das Papier dann ein Stück und präge so weitere Wellen.

REIBEBILDER

345 VERSCHIEDENE METHODEN

Lege ein dünnes Papier auf eine Küchenreibe. Reibe mit der Seite eines Wachsmalstifts vorsichtig darüber, sodass ein Muster erscheint.

Erzeuge ein Reibemuster mit einem weißen Wachsmalstift. Male mit wässriger Farbe darüber. Die Farbe des Wachsmalstifts bleibt sichtbar.

Schneide ein Stück Aluminiumfolie ab und lege es auf eine Oberfläche mit Struktur. Reibe mit dem Finger über die Folie, um das Muster einzuprägen.

Lege ein Stück Papier auf die Sohle eines Sportschuhs und reibe mit dem Wachsmalstift darüber. So entsteht ein kreisförmiges Muster.

346 WELTRAUM-COLLAGE ...

... mit vielen Reibemethoden.

MEERESWELT AUS HANDABDRÜCKEN

Alle Lebewesen auf diesen Seiten sind aus Handabdrücken entstanden.

347 FISCH

Lass deinen Daumen aus.

Drücke deine Handfläche und Finger in etwas Farbe und drucke sie auf Papier. Erstelle mit deinen Fingern andersfarbige Linien. Male ein Auge und Lippen dazu.

348 FISCHSCHWARM

Platziere mehrere Handabdrücke nebeneinander, die in dieselbe Richtung zeigen.

349 KRABBEN

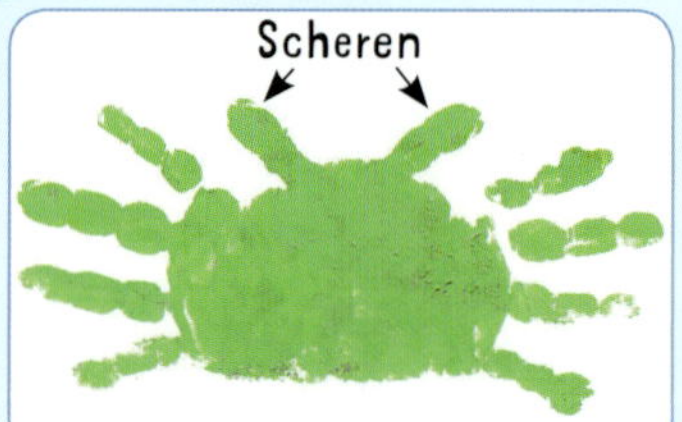

1. Erstelle mit jeder Hand einen Abdruck, sodass sich beide überschneiden. Drucke die Scheren mit dem Finger.

2. Drucke mit dem Finger Augen und Punkte. Zeichne die Scherenhände mit einem Filzstift. Füge Linien auf den Beinen hinzu.

350 QUALLEN

1. Erstelle einen Handabdruck (mit dem Daumen). Drucke mit dem Finger weitere Tentakel dazu.

2. Drucke Augen und Punkte auf den Körper. Male weiße Punkte in die Augen und zeichne gewellte Linien ein.

Zeichne der Qualle einen Mund – so sieht sie freundlicher aus.

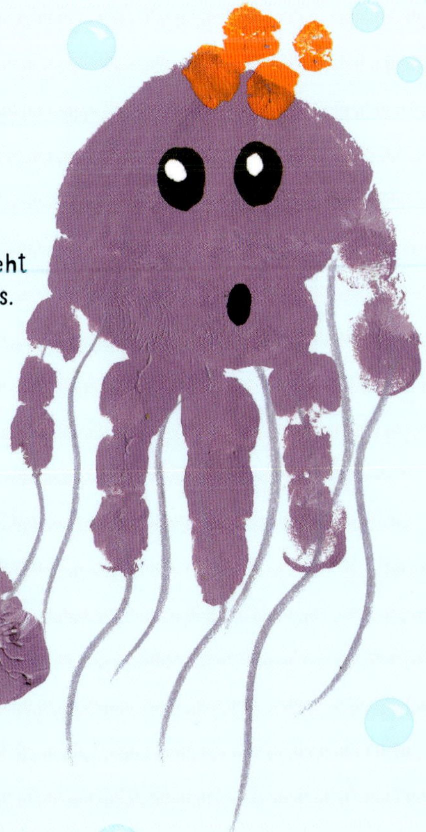

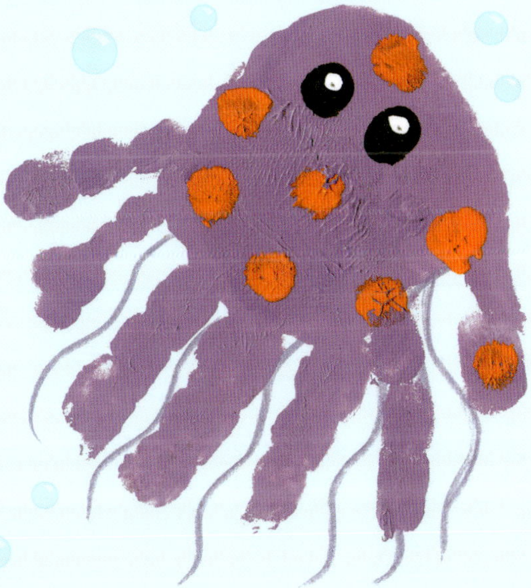

Füge mit leicht versetzten Handabdrücken einen Büschel Meeresalgen hinzu. Verwende verschiedene Grüntöne.

TIERE MIT SCHWÄMMEN DRUCKEN

Ein Schwamm-abdruck wird zum Mond.

351 EULEN AUF EINEM AST

1. Klebe ein Stück Schwammtuch auf dünne Pappe. Zeichne eine einfache Eulenform und schneide sie aus.

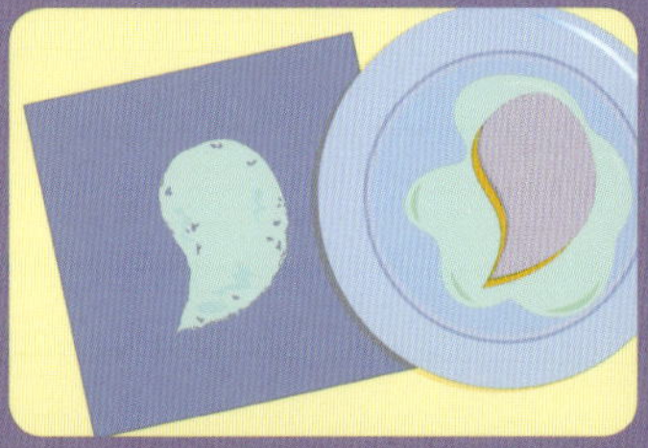

2. Verteile dicke Farbe auf einem Teller. Drücke den Schwamm in die Farbe und drucke damit auf dunkles Papier.

3. Ist die Farbe getrocknet, male zwei Kreise für die Augen. Male dann quer über das Papier einen langen Ast für die Eule.

4. Lass die Farbe trocknen und zeichne einen Punkt in jedes Auge. Füge mit einem dicken Filzstift einen Schnabel und Krallen hinzu.

352 IGEL

Drucke einen Igel. Zeichne eine Nase auf das spitze Ende und füge Stacheln auf dem Rücken hinzu.

Diese Igel wurden mit denselben Schwämmen wie die Eulen oben gedruckt.

Diese Blumen wurden mit dem Finger auf gemalte Äste gedruckt.

353 KLEINE VÖGEL

Folge Schritt 1 auf der linken Seite, aber schneide dieses Mal einen Halbkreis aus der Pappe aus. Zeichne einen Schnabel, einen Schwanz, einen Flügel, Füße und ein Auge.

Drucke einen Hahn auf einem Zaun.

354 HÜHNER

Drucke Hühner. Füge mit Fingerabdrücken rote Punkte am Kopf hinzu.

MIT SCHABLONEN MALEN

355 PIRATENSCHABLONE

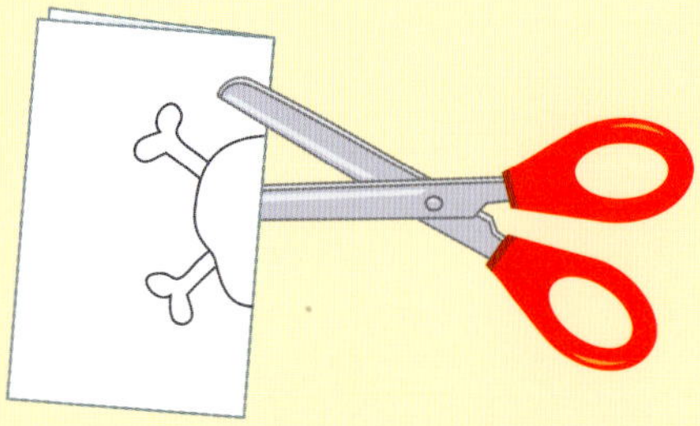

1. Falte ein kleines Stück dickes Papier in der Mitte. Zeichne von der Faltkante aus einen halben Totenkopf und füge zwei Knochen hinzu, wie oben abgebildet. Schneide vorsichtig entlang der Linien.

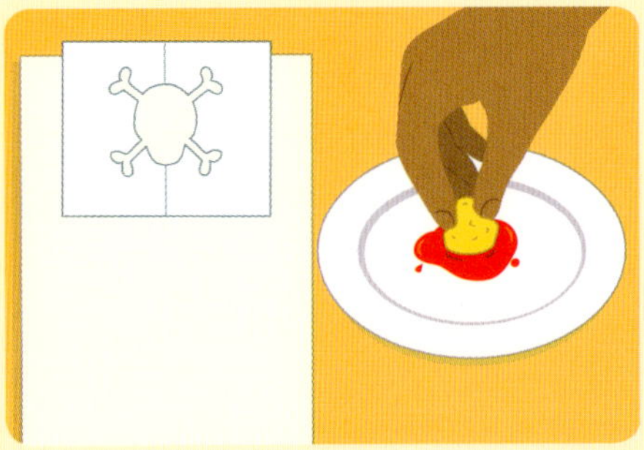

2. Öffne die Schablone, streiche sie glatt und lege sie auf ein Blatt Papier. Verteile etwas Farbe auf einem alten Teller und tauche ein Stück Schwamm hinein.

3. Tupfe die Farbe über die Aussparung in der Schablone. Entferne die Schablone und lass die Farbe trocknen. Zeichne dann mit einem Filzstift Augen, Nase und einen grinsenden Mund mit Zähnen.

Dekoriere Geschenkpapier mit Muschel-Reihen.

Du könntest Briefpapier mit einer Totenkopf-Reihe verzieren.

356 MUSCHEL-SCHABLONE

Zeichne diese Form auf das gefaltete Papier, um eine Muschelschablone zu basteln.

357 FISCH-SCHABLONE

Zeichne diese Form, um eine Fischschablone zu basteln.

358 STERNSCHABLONE

Zeichne von der Faltkante aus einen halben Stern, wie hier.

Dekoriere einen Briefumschlag mit dem Muster der Schablone (nachdem du ihn verschlossen hast).

MIT PAPIER WEBEN

Hier findest du viele Muster zum Weben mit Papier. Sieh dir auf der rechten Seite an, wie es funktioniert.

359 EINFACHES WEBMUSTER

Webe mit nur zwei verschiedenen Farben.

Bei diesem Muster wurden ähnliche Farbtöne für die Streifen verwendet.

360 GESCHLÄNGELTES MUSTER

Auf der Seite gegenüber siehst du, wie man dieses Muster webt.

361 ÜBER 2, UNTER 1

Stelle dieses Muster her, indem du über zwei Streifen und dann unter einen Streifen webst.

Dieses Muster besteht aus schräg geschnittenen Papierstreifen.

362 DICK UND DÜNN

Webe mit dicken und dünnen Papierstreifen.

363 RECYCELTES PAPIER

Nimm altes Geschenk-, Zeitungs- oder Packpapier.

Dieses Muster wurde mit Papier, Bändern und dicken Fäden gewebt.

364 PERLENDEKORATION

Klebe kleine Perlen auf ein gewebtes Muster, wie hier.

SO FUNKTIONIERT DAS WEBEN MIT PAPIER

1. Schneide ein Rechteck aus dickem Papier aus. Lege es mit dem kürzeren Ende nach oben. Ziehe mithilfe eines Lineals eine gerade Linie am oberen Papierrand. Schneide von unten gerade Schlitze bis zu dieser Linie.

2. Schneide zum Weben viele Streifen aus verschiedenfarbigem Papier aus. Sie müssen länger als die Breite des Papierrechtecks sein, können aber unterschiedlich breit sein.

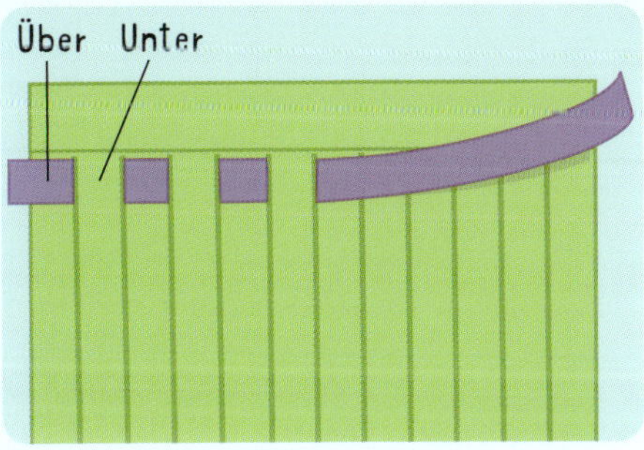

3. Führe einen der Papierstreifen über, dann unter die Streifen des Rechtecks, wie oben gezeigt. Schiebe den Streifen so weit wie möglich nach oben.

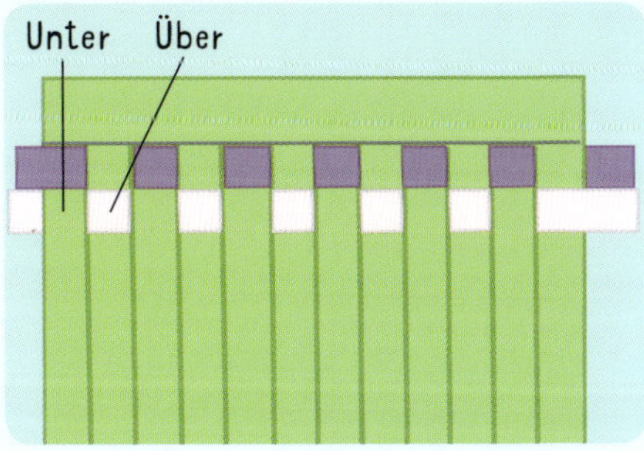

4. Webe einen zweiten Streifen. Führe den Streifen dieses Mal unter, dann über die Streifen des Rechtecks. Schiebe ihn nach oben bis zum ersten Streifen.

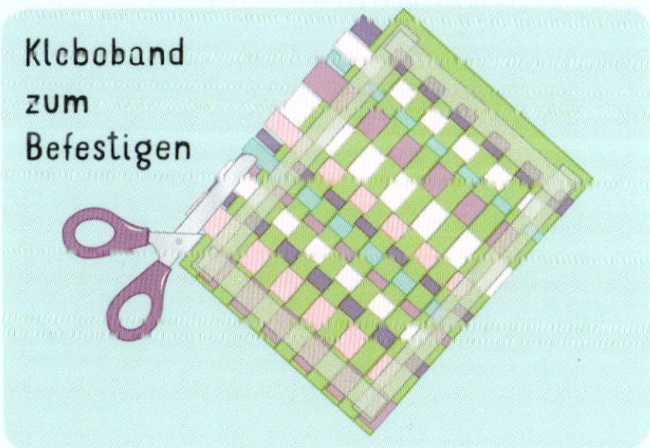

5. Webe weitere Streifen wie in Schritt 3 und 4. Drehe das Muster um und befestige die Ränder mit Klebeband. Schneide die Enden der Streifen ab und trimme den oberen Rand.

GESCHLÄNGELTES MUSTER

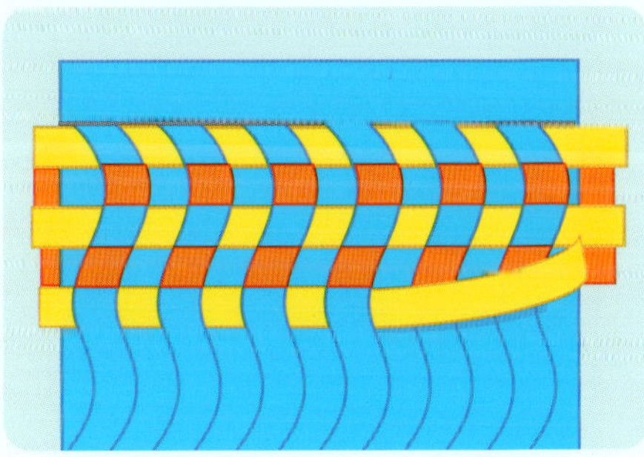

Zeichne geschlängelte (statt gerade) Linien ein und schneide sie vom unteren Ende bis zur oberen Linie ein. Verwende gerade Streifen zum Weben.

365

GEWEBTE FORMEN

Schneide verschiedene Formen aus gewebtem Papier aus. Bedecke die Rückseite vorher mit Klebeband.

Bastle ein Herz, zum Beispiel für eine Valentinskarte.

Die Mitte dieser Blume besteht aus einem separat gewebten Stück.

IDEE FÜR EIN SCHALTJAHR

366

SPRINGENDER FROSCH

Verwende einen Daumenabdruck für den Körper und einen Fingerabdruck für den Kopf des Froschs. Wenn die Farbe getrocknet ist, zeichne mit einem schwarzen Stift die Beine, einen Mund und Augen ein.

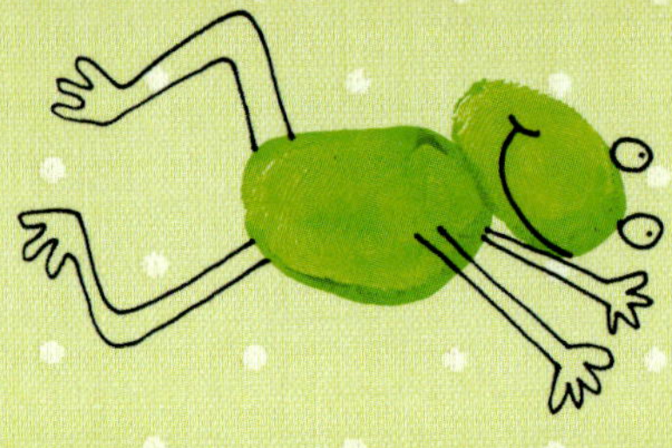

REGISTER

Digitale Bearbeitung: John Russell und Isaac Quaye

1. Auflage 2024 © 2024 für die deutsche Ausgabe: Usborne Publishing Limited, 83-85 Saffron Hill, London EC1N 8RT, Großbritannien. Deutsche Niederlassung: Usborne Verlag GmbH, Prüfeninger Str. 20, 93049 Regensburg, Deutschland. Titel der Originalausgabe: 365 things to make and do © 2024, 2007 Usborne Publishing Limited, London.